KB129768

부자아빠가 없는 너에게

IT'S NOT ABOUT THE MONEY
by Scarlett Cochran
Copyright © 2023 by Scarlett Cochran

All rights reserved including the right of reproduction in whole or in part in any form.
This edition published by arrangement with Avery, an imprint of Penguin Publishing Group,
a division of Penguin Random House LLC.

This Korean translation published by arrangement with Scarlett Cochran
in care of Penguin Random House LLC through Alex Lee Agency ALA.

이 책의 한국어판 저작권은 알렉스리 에이전시 ALA를 통해서
Avery, an imprint of Penguin Publishing Group, a division of Penguin Random House LLC 사와
독점계약한 웅진씽크빅에 있습니다.
저작권법에 의하여 한국 내에서 보호를 받는 저작물이므로 무단전재와 복제를 금합니다.

부자아빠가 없는 너에게

홀로 당당히 경제적 자립을 이루는 돈 공부의 시작

스칼릿 코크런 지음 | 이재득 옮김

IT'S NOT
ABOUT
THE MONEY

웅진 지식하우스

○

—

나는 폭신한 침구 속에서 새들의 노랫소리에 눈을 뜨는 아침을 오랫동안 꿈꿔왔다. 다급하게 출근 준비를 할 필요도 없고, 이번 달 카드 값 걱정에 월급날까지 며칠이나 더 남았는지 손꼽아 기다리지 않아도 되는 그런 평화로운 아침 말이다. 흔히들 이야기하는 '경제적 독립' 혹은 '조기 은퇴'라는 것을 언젠가는 나도 할 수 있기를 바라며, 다시 현실로 돌아와 꾸역꾸역 출근 준비를 하는 기분을, 그래서 나도 아주 잘 알고 있다.

만약 이 책을 집어 든 당신도 나와 같은 꿈을 꾸고 있다면 이렇게 말해주고 싶다.

다음 달 월급이 들어올 때까지 단돈 50달러 남겨보는
것이 목표였던 내가 이제는 더 이상 돈 걱정 하지 않
는 삶을 살고 있다. 내가 할 수 있었다면 당연히 당신
도 할 수 있다. 그러니까 이 책은 나의 이야기이자 당
신의 이야기가 될 것이다.

이제부터 들려줄 나의 이야기는 내가 열아홉 살이던 시절, 미
혼모로 아이를 배고 빈곤선 이하로 살아가던 좁고 허름한 집에
서 시작된다. 아래층에 시끌벅적한 술집이 붙어 있는 낡은 건물
이었지만, 당시 내 경제 사정으로 구할 수 있는 최선의 집이었다.
지금도 생생하게 기억나는 그날 아침, 잠에서 깨 화장실로 향했
다. 침대에서 몇 발짝 떨어지지 않은 화장실은 복도 끝이어서 창
문도 없었고, 불을 켜지 않으면 빛도 거의 들지 않는 곳이었다.
화장실 불을 켠 순간, 나는 누군가를 발견했다. 아주 커다랗고
뻣뻣한 갈색 날개를 가진 바퀴벌레였다. 우리는 동시에 서로의
존재를 감지하고 그 자리에 얼어붙었다. 불시에 닥친 돌발 상황,
우리는 둘 다 꼼짝도 못할 공포에 사로잡혀 있었다. 나중에야 깨
달았지만 그날 내가 두려움을 느낀 이유는 단지 벌레 한 마리 때
문은 아니었다.
나는 모든 벌레 중에서도 바퀴벌레를 가장 싫어한다. 그 녀석
들은 늘 벌레와 함께 살았던 내 어린 시절을 떠올리게 하기 때문

이다. 가난한 흑인들이 주로 거주하던 브루클린의 고향 집에는 바퀴벌레가 많았다. 녀석들은 서랍장과 찬장을 아무리 꼭꼭 닫아놔도 어김없이 비집고 들어가 내가 아끼는 물건들을 침범했다. 어린 시절 우리 가족은 너무 가난했기 때문에, 오렌지주스 속에 바퀴벌레가 들어가면 그냥 건져내고 마셔버리곤 했다. 오렌지주스는 귀했고, 바퀴벌레가 음식에 들어가 있는 광경이 그리 충격적이지 않을 만큼 익숙했기 때문이다(분명히 하자면, 이 오렌지주스 이야기는 사실이지만 마신 것은 내가 아니었다).

브루클린의 집을 떠나오며 다시는 그렇게 살지 않겠다고 맹세했던 삶이었다. 아기를 낳기로 결심한 뒤, 배 속에서 자라고 있던 내 아기에게도 나와 같은 삶을 물려주지 않으리라 약속했다. 그래서 그곳에 사는 동안 바퀴벌레를 없애려고 갖가지 노력을 했다. 가장 효과가 좋다는 훈증 소독도 두 번이나 했고, 붕산으로 바퀴벌레 약을 만들어 놓아보기도 했다. 그런데 그날 아침 화장실에서 나는 또 다시 혐오스러운 그 모습을 맞닥뜨리고 만 것이다. 그러니까 그때 나에게 바퀴벌레는 단지 해충이 아니라, 벗어날 수 없는 가난을 상징적으로 느끼게 만드는 존재였다.

잠시 후 나는 정신을 차리고 세면대 아래에 놓아둔 레이드(바퀴벌레 살충 스프레이)로 돌진했다. 바퀴벌레가 있는 곳을 향해 레이드를 마구잡이로 분사했다. 녀석은 곧 약에 취해 몸을 뒤집고 다리를 버르적거렸고, 나 역시 형편없는 내 처지를 똑똑히 느끼며

바닥에 주저앉았다. 당시 나는 고등학교 졸업 후 돈을 벌기 위해 해군에 입대해 근무하고 있었다. 2만 5,000달러가 안 되는 내 해병 연봉으로 나 혼자는 그럭저럭 먹고살아 왔지만, 앞으로 아기가 태어날 때를 대비해야 했다. 나 홀로 살림을 꾸리며 저축을 하기 위해 어떻게든 아끼고 절약하려고 할 수 있는 모든 것을 하고 있었다. 기저귀며 분유 같은 육아 용품과 식료품 살 돈이 급했으므로, 더 깨끗하고 볕 잘 드는 좋은 아파트는 꿈도 꿀 수 없었다.

그 모든 걱정이 레이드 냄새와 함께 한꺼번에 몰아닥쳤다. 나는 창문도 없는 화장실 바닥에 주저앉아 한참을 울었다. 내 인생에서 이 더러운 벌레 하나도 없애지 못하는 내가 과연 아기에게 더 나은 삶을 물려줄 수 있을까? 얼마나 그렇게 앉아 울었는지는 모르겠지만, 그날 나는 세 가지 중요한 진실을 깨달았다.

첫째, 이것은 내가 원하던 삶이 아니다.
둘째, 막연히 바라기만 해서는 그 무엇도 이룰 수 없다.
그리고 셋째, 나는 정말로 돈이 필요하다.

그날 아침은 내가 돈과의 여행을 시작한, 내 인생을 송두리째 바꾸게 되는 첫 번째 전환점이었다. 나는 앞으로 무조건 더 많은 돈을 벌겠다고, 또 그렇게 번 돈을 내가 원하는 삶을 위해 쓰겠다고 결심했다.

물론 여기까지 오는 길이 순탄하지만은 않았다. 실수도 많이 저질렀고, 예상보다 오래 걸리기도 했다. 그러나 이제는 나와 내 가족의 행복을 위해서라면 가격표를 보지 않고 값을 치를 수 있을 정도의 삶을 살게 되었다. 남편 조지프와 두 아이와 함께하는 지금 이 순간의 내 인생을 사랑한다.

이제부터 이 책 전체에 걸쳐 내가 어떻게 꿈꾸던 풍요로움을 이루어냈는지 하나하나 설명할 것이다. 정말로 돈이 필요하다는 절박함은 돈에 대해 제대로 알아야겠다는 인식으로 이어졌고, 돈의 작동 방식을 이해하고 돈을 대하는 생각을 뿌리부터 바꾸어나가자 그와 더불어 내 삶도 상상도 못한 방향으로 변화하기 시작했다.

브루클린의 가난한 이민자 가정에서 태어난 흑인 여성, 그리고 고졸에 미혼모…. 바퀴벌레 득시글한 화장실 바닥에서 울던 내가 어떻게 오늘날 세계 최고 예일대학교 로스쿨을 졸업한 금융 전문 변호사가 될 수 있었는지 알고 싶지 않은가? 이 책을 읽고 있는 당신 역시 나와 같은 험난한 시절을 보내왔을지 모른다. 어쩌면 과거의 나보다는 나은 처지일 수도 있고, 더 어두컴컴한 터널을 지나고 있을지도 모르겠다.

한 가지 확실한 것은, 내가 할 수 있었다면 당신도 할 수 있다는 것이다. 이 책은 단지 돈에 관한 이야기가 아니다. 나와 당신의 인생을 바꾸는 힘에 관한 이야기다.

이 책을 읽기 전에 우선 알아두어야 할 점이 있다. 나는 돈을 다루고 부자가 되는 법에 대해 이제까지 널리 알려진 방법들과는 전혀 다른 방향으로 접근할 것이다. 시중에 유행하는 돈을 모으고 불리는 방법들은 언제 어디에서나 통용되는 절대 공식이 아니다. 흔히들 큰돈을 벌 수 있으리라 기대하는 주식이나 부동산 투자 등은 상당한 수준의 경제적 지식 없이는 결국 무모한 도박을 하게 될 뿐이다. 반대로, 현재의 행복을 미루고 무조건 절약해 한 푼이라도 더 저축하라고 말하지도 않을 것이다. 극단적으로 소비를 줄이거나 최대한 빨리 빚을 갚는 방식도 내가 추구하는 방향과는 거리가 멀다.

100명의 사람에게는 100가지 가정 환경과 100가지 경제 상황이 있다. 저마다 가지고 있는 돈도, 버는 돈도 다르며, 얼마큼의 돈을 모으고 싶은지, 그 돈을 어떻게 쓰고 싶은지 돈에 관한 소망도 다르다. 핵심은 누군가의 규칙을 따를 필요가 없다는 것이다. 경제적 풍요를 이루는 방법은 분명히 있다. 다만 사람에 따라 그 방법이 제각기 다를 뿐이다.

나는 이 책에서 경제적 풍요를 이루는 '자기만의 방식'을 찾는 법을 알려줄 것이다. 당신만의 정답을 찾을 수 있다는 내 말을 믿고 따라오기 바란다. 그러면 나처럼 당신도 꿈꾸는 삶을 가질 수 있고, 그런 삶을 평생 누리는 데 필요한 자산도 키워갈 수 있다. 당신이 마음속으로 '언젠가는 그렇게 살고 싶다'고 꿈꿔온 바로 그 삶이 현실이 되도록 길을 안내해줄 것이다.

한편, 그런 꿈조차 가질 수 없는 사람도 있다. 현재의 삶이 너무 힘겨운 나머지, 지금보다 나은 미래를 꿈꿀 생각조차 못하는 이들이 분명히 있다. 과거의 내가 바로 그랬고, 나와 처지가 비슷한 주변의 많은 사람들이 그랬다. 그때 우리는 우리 같은 사람들은 평생 집 한 채 장만하지 못할 거라고 생각했다. 당신 역시 과거의 나와 같은 생각을 하고 있다면, 더 집중해서 읽어주기 바란다.

뒤에 가서 자세히 설명하겠지만, 당신만의 풍요로운 삶은 '생각 스위치'의 전환에서 시작된다. 앞서 막연히 바라기만 해서는 그 무엇도 이룰 수 없다고 이야기한 것을 기억하는가? 하물며 무언가를 바라지도 않는다면 아무것도 변화시킬 수 없다. 출발선에서 한 발짝도 떼지 않는 달리기 선수와도 같다. 바로 그런 사람들을 위해 이제부터 당신이 꿈꿔볼 엄두조차 내지 않았던 '더 나은 삶'을 조금씩 구체화시키는 연습부터 시작할 것이다. 스스로를 좁은 한계에 가두는 생각 스위치를 전환해보자.

딸깍!

우리가 전환해야 하는 생각 스위치는 단지 미래에 대한 것만이 아니다. 우리는 돈에 대해서도 잘못된 생각을 갖고 있는 경우가 많다. 돈에 관한 오해와 착각을 먼저 바로잡지 않으면 제대로 된 자산관리 계획을 세울 수 없다. 물론 자산관리 계획이 튼튼하지 않으면 당신의 바라는 삶 역시 요원해질 것이다.

돈에 관한 가장 큰 오해 중 하나는 돈으로 행복을 살 수 없다는 것이다. 아주 오랫동안 우리 사회는 돈을 추구하는 것을 비도덕적인 일로 여겨왔다. 세상에는 돈보다 훨씬 더 고귀한 가치가 많다고 말이다. 돈보다 더 중요하다고 여겨지는 가치의 대표 주자가 바로 행복이다. 그러나 과연 정말로 그러한가? 물론 삶에서 겪을 수 있는 모든 문제를 다 돈으로 해결할 수는 없지만, 돈이 없으면 삶이 더욱 힘들어지는 것도 사실이다.

그러나 우리 삶의 질에 직접적으로 영향을 미치는 모든 것 중 가장 등한시되는 것이 돈이다. 최근 연구에 따르면 미국 성인의 절반 이상이 예상치 못한 1,000달러 정도의 지출에 쓸 긴급 자금이 없고, 55세에서 66세 인구의 거의 절반은 그 어떤 형태의 개인 은퇴 자금도 없다고 한다. 이는 미국의 경우이지만 다른 나라의 사정도 크게 다르지 않을 것이다. 전 세계 수많은 사람이 돈 문제로 시름하는 것도 결코 놀랄 일은 아니다.

당신이 이 통계에 속해 있거나 보통 사람들 이상으로 돈 때문에 힘들어하고 있다면, 다시 한번 말하지만 당신 혼자만의 문제가 아니다. 내가 20여 년간 금융 전문 변호사로 일하며, 또 수많은 사람들에게 자산관리에 대해 교육하며 깨달은 것은 당신처럼 느끼는 사람들이 아주 많다는 것이다. 하지만 당신에게 돈을 관리하는 재주가 없는 것이 아니다. 단지 아직 당신에게 맞는 돈 관리 계획을 어떻게 세워야 하는지 배울 기회가 없었을 뿐이다. 그것을 배우기만 하면, 삶을 원하는 방향으로 변화시킬 수 있다. 당신 역시 반드시 그렇게 될 수 있다고 확신한다. 돈은 우리의 꿈, 행복, 성취감, 그리고 우리가 원하는 걸 이룰 수 있도록 도와주는 힘이기 때문이다.

돈을 좋다 나쁘다로 보는 대신 당신이 원하는 삶을 구축할 수단으로 본다면, 당신의 목표에 맞는 결정을 내리기가 더 쉬워진다. 당신이 꿈꾸는 삶과 당신의 재정 상황은 밀접하게 연관되어 있다. 이 두 가지를 모두 갖기 위해서는 돈을 통제할 수 있어야 한다. 단, 이때 돈을 통제한다는 말은 돈을 금고에 넣고 봉쇄하라는 뜻이 아니다. 자신의 계획에 따라 돈을 쓰고자 할 때 쓸 수 있고, 보유해야 할 때 그대로 둘 수 있는 자제력과 실행력을 자유자재로 조절할 수 있어야 한다는 뜻이다.

나는 우리가 정해놓은 여러 목표 사이에 일어나는 무수한 일들이 곧 삶이라는 말을 자주 한다. 내가 원하는 삶을 살겠다고 각성한 (바퀴벌레 사건의) 그날 이후, 나는 강을 건널 징검돌을 놓듯이 한 단계 한 단계 밟아나갈 목표를 세웠다. 물론 세상에 공짜는 없어서 목표를 향해 다가가는 모든 단계마다 돈이 필요한 경우가 많았다. 때로는 대학교 학비처럼 아주 큰돈이 필요한 경우도 있었다. 하지만 일단 확실한 목표를 세웠다면 어떻게든 최선을 다하는 수밖에 없다. 하루아침에 원하는 삶이 마법처럼 주어지는 일은 없다. 당장 성과를 보려는 조바심을 버리고, 다음의 세 가지 규칙을 기억하며 한 발짝씩 나아갔다.

'목표를 세우고, 돈을 통제하고, 실행한다.'

지난 20년간 내가 달성해온 모든 것은 이러한 마음가짐 덕분에 가능했다. 그리고 여러 목표 사이에 일어나는 무수한 일들 역시 당신 삶의 일부라는 것을 잊어서는 안 된다. 하루하루의 일상을 채우는 크고 작은 즐거움과 행복감을 포기하지 않고도 우리는 강을 건널 수 있다. 이제 나는 당신도 나처럼 되도록 도울 것이다. 현재의 삶을 즐기면서도 어떻게 당신의 돈이 당신의 미래를 구축하도록 만드는지 보여줄 것이다.

자, 그럼 이제 당신이 충분히 누릴 자격이 있는 그 풍족한 삶을 만들러 가보자.

○

목차

PART 1

당신이 원하는 삶은 무엇인가

PART 2

잘못된 돈 개념 바꾸기

PART 3
돈 운용 능력 키우기

PART 4
당신의 풍족한 삶을 다시 정의하라

PART 1

당신이 원하는 삶은 무엇인가

CHAPTER 1

생각 스위치를 전환하라

—

나는 우리가 우리 자신에게 들려주는 이야기와 관련해 헨리 포드$^{Henry Ford}$가 한 말이 늘 떠오른다.

> "당신이 할 수 있다고 생각하든 할 수 없다고 생각하
> 든, 그 생각은 옳다."

당신이 할 수 있다고 생각하면 할 수 있는 사람으로 비칠 것이고, 그 믿음에 맞는 행동을 취할 것이다. 당신이 할 수 없다고 생각하면 이미 패배자로 보일 것이고, 구석으로 숨게 될지도 모

른다.

물론 당당히 행동할 수 있으려면 어느 정도는 실현 가능한 목표를 설정해야 한다. 그런 다음 당신의 머릿속에 그것이 가능하다는 확신을 심어주어야 한다. 그런데 이때 당신의 마음속에는 그것이 불가능하거나 이루기 어려운 목표라는 어두운 목소리가 슬금슬금 기어나오기 시작한다. 이때 그 부정적인 마음을 그냥 무시할 것이 아니라, 바로 그 부정적인 마음의 뿌리에 자리잡고 있는 생각을 자세히 들여다봐야 한다. 그 생각의 뿌리가 사실은 우리가 행동하는 모든 것을 결정하는 사고방식이다. 생각의 곁가지가 아닌, 바로 이 생각의 뿌리를 찾아 '딸깍' 하고 스위치를 전환하는 것이 앞으로의 변화의 시작점이다.

생각 스위치를 전환하는 데 능숙해지면, 부정적인 생각이 시작되려는 순간에 그 생각을 바꿀 수 있다. 우리는 하루에도 대략 수만 개의 무의식적 사고에 휩쓸려 다니는데, 그러한 무의식적 사고에 따라 우리의 생각과 행동이 결정된다. 문제는 우리가 결코 의도하지 않았음에도 불구하고 그 생각들을 그대로 스스로의 것으로 인정해버린다는 것이다. 그것이 자신의 목표를 방해하는 부정적인 생각일지라도 말이다. 그러나 이러한 부정적인 생각이 발생하는 패턴을 인식한다면, 우리는 생각의 궤도를 훨씬 더 효율적인 방향으로 바꿀 수 있다. 생각 스위치를 전환한다는 것은 무의식적인 부정적 사고에 마냥 끌려다니는 것이 아니라, 부정적인 마음이 떠오를 때마다 의식적으로 자신의 목표를 향해 생각의 방향을 조정하는 것이다.

그렇다면 이러한 부정적인 생각 패턴은 왜 만들어지는 것일까? 모든 사람은 어린 시절부터의 경험에 따라 자신만의 믿음과 태도를 발전시키며 성장한다. 친구, 가족, 공동체 등과 지내며 쌓은 경험들, 누군가에게 배웠거나 개인적 경험을 통해 스스로 배운 것들, 당신의 세계관에 영향을 준 다양한 사건들이 모두 마음속에 새겨져 당신의 사고방식에 영향을 준다. 안타까운 것은 자라면서 다양한 가능성에 대해 경험하고 상상해볼 기회가 많지 않았다면, 어른이 되어서도 스스로의 가능성을 지나치게 작게 생각하는 경향이 있다는 것이다. 이것은 직업을 선택할 때는 물론이고, 자신이 얼마나 돈을 모으고 불릴 수 있을지 상상해볼 때도 그대로 적용된다.

나는 어린 시절 내가 선택할 수 있는 직업이 몇 가지 되지 않는다고 생각했다. 대통령이나 우주비행사 같은 큰 꿈은 생각조차 해본 적 없었을뿐더러, 알고 있는 직업의 종류조차 많지 않았다. 그래서 내가 생각했던 꿈은 작가였다. 하지만 엄마는 그 이야기를 듣고는 작가는 돈을 못 번다며 그쪽 길로는 절대로 가지 말라고 했다. 대신 의사나 변호사를 꿈꾸라고 했다.

이 이야기를 통해 배울 수 있는 교훈이 너무 많다. 우선 나는 결국 엄마가 한 말이 사실이 아님을 깨닫게 됐다. 하지만 당시 엄마가 경험한 세상에서는 최소한 진실이었다. 엄마는 글을 써서 돈을 버는 사람을 본 적이 없었기 때문이다. 엄마가 알고 있는 '좋은 직업'은 의사, 변호사 같은 몇 가지뿐이었기에 엄마는 나름 대로 최선을 다해 나에게 조언해주었던 것이다. 그런 어린 시절을 거치며 나는 자연스레 별다른 고민 없이 '꼬박꼬박 월급이 나오는 좋은 직업' 중 하나였던 군인이 되었고, 그렇게 무의식적 사고에 휩쓸리며 살았다. 내가 '군인이 아닌 다른 직업을 가질 수도 있지 않을까?' 하고 생각 스위치를 전환하지 않았더라면, 오늘날 나는 이렇게 변호사이자 작가가 될 수 없었을 것이다.

군대에 있을 때도 부정적 생각 패턴에 갇힌 사람들을 많이 보았다. 내가 부대 동료들에게 집을 사겠다고 말했을 때를 또렷이 기억한다. 내 말이 끝나기도 전에 동료 하나가 "너는 절대로 집을 살 수 없어" 하고 대꾸했다. 왜 못 사느냐고 물었더니 고작 돌아온 대답은 이랬다. "너는 해병대 말단 하사에 불과하니까." 하지만 내 계급과 내가 집을 살 수 있는 능력이 무슨 관계냐고 따져 묻자 누구도 구체적인 답을 주지는 못했다. 다들 그럴 거라고 '생각'은 했던 듯했지만, 아무도 '이유'를 대지 못했다. 그들은 계급이 낮은 이들은 집을 살 만한 능력이 없다는 생각만을 가지고, 재정적으로 절대 불가능한 일이라고 단정했다.

그래서 나는 스스로 답을 찾아봤고, 부대 안에서의 내 계급과 집을 살 자격은 아무 관련이 없음을 알게 됐다. 관건은 내 수입,

내가 빌릴 담보대출 액수, 내 신용점수 같은 숫자였다.

나는 그때 부대 동료들과 나눈 대화를 통해, 우리 모두 부정적인 생각 패턴을 무의식에 새기고 있다는 사실을 깨달았다. 그런 부정적인 생각 패턴을 신중하게 따져보지 않고 그대로 따르게 되면 결코 최고의 결정을 내릴 수 없다.

내가 스스로를 가로막는 부정적인 생각 패턴에 여전히 사로잡혀 있었음을 또 한 번 충격적으로 깨달은 사건이 있었다. 아이를 기르면서 좀 더 좋은 직업을 가져야겠다는 절실함에 군대에서 나와 대학에 들어가기로 결심했다. 낮에는 일을 해야 했기에 야간으로 전문대에 입학했다가, 2005년 가을 본격적으로 공부하고자 버지니아코먼웰스대학 간호학과에 편입했다. 그때까지도 내가 알고 있던 직업이라고는 군인, 의사, 간호사, 변호사 정도밖에 없었기 때문이다. 그러나 곧 간호사라는 직업이 나와 잘 맞지 않는다는 것을 깨닫고 첫 주 만에 전공을 바꾸기로 마음먹었다.

군인과 의사, 간호사를 제하고 나니 이제 내게 남은 유일한 선택은 변호사였다. 구글에서 '변호사가 되는 방법'을 검색했더니 변호사가 되려면 로스쿨(법학대학원)에 진학해야 한다고 했다. 그리고 로스쿨 지망생에게 최고의 전공은 경제학이라고 했다. 나는 그 길로 간호학과에서 경제학과로 전공을 바꿨다. 그리고 경제학 학사를 마칠 무렵 나는 교수님을 찾아가 로스쿨 진학 상담을 청했다. 이때까지도 내 생각 스위치는 꺼져 있었다.

교수님께 내가 생각하고 있는 로스쿨 목록을 이야기하고, 그중에 어떤 대학이 나을지 물었을 때였다. 그는 내가 써놓은 대학들을 죽 살펴보더니 왜 예일대학교는 지원하지 않느냐고 되물었다. 예일대학교라니! 내 주제에 지원해봐야 당연히 떨어질 거라고 생각해서 고려조차 안 했던 대학이었다. 나는 두 살 때 부모님을 따라 미국에 이민을 와서 줄곧 브루클린 시내에서 자랐다. 대학원은커녕 아이비리그 대학에 입학했다는 사람조차 본 적이 없는, 가난한 흑인 비율이 매우 높은 동네다. 부모님 역시 고등학교조차 가본 적 없는 분들이었다. 그러다 보니 예일대학교가 머리에 떠오를 리 없었다.

하지만 예일대 출신이었던 교수님으로서는 어찌 보면 당연한 질문을 한 것이다. 교수님은 예일대에 지원하지 않는 건 말도 안 되는 일이라며 나를 격려해주고 현실적으로 도움이 되는 조언들을 들려주었다. 그때야 나는 스스로 자신의 가능성을 매우 위축시키는 부정적 생각 패턴에 빠져 있었다는 것을 깨달았다. 딸깍! 하고 생각 스위치를 전환했다. '내가 예일대학교에 합격할 수 없다고? 아니, 노력하면 합격할 수 있어.'

나는 부정적 생각을 끊고 로스쿨 입학을 위한 준비에 전념했다. 다만 한 가지 문제가 있었으니, 대학 원서비 80달러가 없었던 것이다. 가뜩이나 아이와의 생활비도 빠듯한데, 떨어질지도 모르는 곳에 80달러씩이나 지출해야 한다고 생각하니 또다시 부정적인 생각이 스멀스멀 기어나오기 시작했다. 며칠 후, 이모와 삼촌을 만나 이러한 고민을 털어놓았다. 예일대에 지원하려고 하는데 원서비 80달러를 어떻게 구할지 걱정이라고 말이다. 그러자 이모와 삼촌은 전폭적으로 나를 응원해주며 원서비를 마련해주겠다고 했다. 덕분에 예일대학교와 하버드대학교, 스탠퍼드대학교 세 곳에 지원할 수 있게 되었다.

나는 여러 사람들의 지지 속에서 대학 지원서를 작성하는 데 모든 노력을 다했다. 결과는 놀라웠다. 내가 감히 목록에 올리지도 못했던 예일대학교뿐만 아니라 하버드대학교와 스탠퍼드대학교까지 세 곳에서 모두 합격 통지를 받은 것이다. 나는 고민 끝에 로스쿨 중 최고의 명문이라 불리는 예일대학교 법학대학원에 들어가기로 결정했다.

나는 그때 이후로 한 단계 높은 성공을 이루는 데 걸림돌이 되는, 내 안의 부정적인 생각 패턴들을 계속 찾아왔다. 다만 내가 추구하는 목표가 무조건 '더 많은 돈'은 아니기 때문에, 내가 추구하는 '행복한 삶'의 가치에 맞는 길을 향해 나아가는 과정인지를 기준점으로 삼았다. 로스쿨 졸업 후 연봉이 괜찮은 로펌의 제안을 거절하고 공익변호사를 선택한 것도, 돈보다는 여유로운 삶을 추구했기 때문이다. 어떠한 목표를 세울 때마다 '그게 과연 가능할까? 네가 과연 할 수 있을까?' 하고 부정적인 사고가 시작되면 그 생각의 뿌리를 추적했다. 내가 왜 스스로의 가능성을 위축시키는지 곰곰이 따져보며, 내 안에 깊숙이 자리 잡은 그 부정적인 생각의 뿌리가 전혀 근거 없는 두려움이라는 사실을 인식했다.

당신도 이제부터 이 책을 통해 그런 깊은 숙고와 자기 성찰을 시작하게 될 것이다. 부정적 생각의 뿌리를 파고들어 재구성하는 방법은 아주 간단하다. 그것은 바로 '왜?' 하고 이유를 묻는 것이다. 물론 부정적인 생각 패턴을 끊는다고 해서 당장 내일부터 돈이 모이는 것은 아니다. 생각 스위치의 전환은 시작일 뿐이다. 거기에는 실질적인 행동도 필요하고, 그러기 위해서는 전력을 다해 노력해야 하는 순간도 많다. 하지만 가능성과 불가능성에 대해 고정관념이나 편견 없이 객관적으로 판단하는 일은 긍정적인 행동으로 이어지는 첫걸음이다. 당신이 꿈꾸는 인생을 가질 수 있다는 사실을 당신 스스로도 믿지 않는다면 아무것도 변화시킬 수 없다.

당신이 희망과 기운이 솟는 생각들을 키워나가고, 그 생각들을 돈의 작동 방식에 대한 탄탄한 이해와 접목한다면, 앞으로 나아가는 일은 단순할 뿐만 아니라 실현도 가능하다. 그 순간부터는 지출 계획 수립, 정기 투자 전략 수립 등 앞으로 우리가 자세히 살펴볼 모든 일에 거의 힘이 들지 않게 된다. 무언가가 가능하다는 걸 알고 시작하면 성공에 대한 중압감도 사라진다. 우리의 무의식이 우리의 생각을 좌우하고, 생각은 행동으로 이어지고, 행동은 부를 창출한다는 것이 핵심이다.

CHAPTER 2

모노폴리가 가르쳐준 것

—

어렸을 적 내가 가장 좋아했던 놀이는 '모노폴리Monopoly' 게임이었다. 주사위 숫자만큼 말을 움직여 도착한 칸의 땅을 사고, 그곳에 주택이나 호텔 같은 건물을 지어 임대료를 받는 보드게임이다. 모노폴리('독점'이라는 뜻)라는 이름에서 알 수 있듯이 이 게임은 같은 색깔의 땅을 독점하는 것이 핵심이다. 같은 색 땅을 모두 독점해야만 건물을 지을 수 있고, 더 비싼 임대료를 받을 수 있기 때문이다. 따라서 내가 원하는 색깔의 땅을 다른 사람이 사버리는 경우에는 상대와 협상해서 부동산을 거래해야 한다. 아무도 사지 않은 땅이 나타나면 경매를 진행하기도 한다.

나는 주사위를 던지며 게임판을 돌 때마다 같은 색깔의 땅을 하나씩 하나씩 사들이는 그 가슴 설렘이 좋았다. 같은 색 한 세트가 채워지면, 작은 녹색 주택을 내 땅에 나란히 세워 부지 가치를 올린 후, 다시 주택을 호텔로 바꿔 또 한 번 가치 상승을 이뤄내곤 했다. 누군가 내가 소유한 땅에 멈출 때마다 챙길 수 있는 임대료 수익도 아주 매력적이었다. 현실과는 달리 모노폴리 게임 속에서 나는 수많은 땅을 사고 건물을 짓는 부자였고, 때로는 심지어 다른 사람들을 파산시킬 수도 있는 무시무시한 재력을 갖기도 했다.

나는 모노폴리의 모든 과정과 요소들을 사랑했지만, 특히 색색의 화폐를 내 쪽 게임판을 따라 가지런히 쌓아놓고 정리하는 일이 즐거웠다. 모노폴리 화폐는 단위별로 색깔이 달랐는데, 나는 그중에서도 오렌지색 500달러를 가장 좋아했다. 가장 크고 가장 얻기 힘든 돈이었기 때문이다. 나는 돈이 어느 정도 모이기만 하면 모노폴리 은행에서 작은 단위 화폐를 큰 단위 화폐로 교환해 댔다. 그러다가도 다른 플레이어에게 임대료를 내야 하는 상황에 처하면, 오렌지색 화폐를 작은 화폐로 바꿔야 했으므로 몹시 슬퍼했다. 그런 나 때문에 가족들은 은행장 역할을 곤욕스러워했다. 그래서 내가 셈을 잘할 정도로 컸을 때, 은행장은 언제나 내가 도맡았고 나는 그게 조금도 힘들지 않았다.

모노폴리는 내게 많은 것들을 가르쳐주었다. 우리는 돈으로 원하는 것을 살 수 있고, 그렇게 산 것들로 더 큰 돈을 벌 수도 있다. 거래 당사자 둘 모두에게 만족스럽고 양쪽 모두 더 부자가 될 수 있는 거래도 맺을 수 있다. 다른 플레이어의 땅에 도착해 임대료를 내야 할 때나 찬스 카드로 예상치 못한 지출이 발생할 때를 대비해 늘 어느 정도의 현금 자산을 남겨두어야 한다. 돈이 바닥나면 대출받을 담보 자산이 없는 한 게임은 끝난다. 그러나 현명하게 돈을 관리하면 담보 잡힌 자산을 다시 찾고 게임도 이길 수 있다.

물론 모노폴리 세계의 규칙은 현실과는 다른 면도 있다. 모노폴리에서는 마지막에 가장 많은 돈을 번 사람이 최종 승자가 되며, 승자가 되기 위해서는 대개 게임하는 동안 상대를 재정적으로 무참히 짓밟아야 한다. 무시무시한 독점 경제의 세계다. 그러나 다행히 이 두 가지는 실제 우리가 사는 세상의 규칙과는 거리가 멀다. 현실에서의 자산관리는 누가 먼저 가장 많은 돈을 모으느냐를 두고 경쟁하는 게임이 아니다. 모두가 잘살 수 있는 윤리적인 자산 증식 방법도 엄연히 존재한다.

여섯 살이었던 나는 돈에 대해서도, 돈을 운용하는 일에 대해서도 거의 아는 것이 없었지만, 모노폴리가 게임에 불과하다는 것만은 분명히 알고 있었다. 제아무리 가장 비싼 오렌지색 500달러 지폐라 해도, 가게에서 아이스크림은커녕 내가 즐겨 사 먹던 1센트짜리 사과 맛 사탕 한 알도 살 수 없었다. 모노폴리 화폐는 진짜 돈이 아니었으니까. 당시 내가 돈에 대해 아는 것이라고는 거기까지가 다였다. 그리고 그 이후로도 오랫동안 돈의 역할은 식료품이나 옷, 신발, 영화표 등 무언가를 사는 데만 쓰이는 줄 알았다.

돈이 우리 삶에 끼치는 영향이 상당한데도 돈과 그 작동 방식에 대해 제대로 이해하고 있는 사람은 의외로 적다. 돈은 무엇이고 왜 가치가 있을까? 심지어 왜 존재하는 걸까? 이번 장에서는 우리 미래를 변화시킬 가장 핵심 원료가 되는 바로 이 '돈'에 대해 기본부터 짚고 넘어가자. 당신이 돈의 기본 원리에 대해 이미 어느 정도 알고 있다고 생각하더라도 여기서 잠깐 살펴보고 지나간다면, 이후 이 책에서 배워나갈 돈에 대한 나머지 모든 이해를 안정적으로 구축할 탄탄한 뼈대가 마련될 것이다. 돈과 오늘날의 금융 체계가 어떻게 진화해왔는가에 대한 기본적인 이해가 잘 세워진다면, 앞으로 학습해나갈 모든 것을 적용하기가 더 수월할 것이다. 나아가 끊임없이 변화하는 금융시장에 휘둘리지 않는, 당신이 원하는 삶을 이루는 데 필요한 효과적인 자산관리 틀이 될 것이다.

인류가 처음부터 돈을 사용했던 것은 아니다. 돈이 생겨나기 전 인간은 소규모로 모여, 상호관계라는 사회적 규범과 자원의 분배에 대한 공통의 이해에 의존해 살았다. 직접 만들 수 없거나 얻을 수 없는 것이 있다면 집단 내에서 해결했다. 이때 거래는 주로 비공식적 선물 경제gift economy의 형태를 띠었다. 물물교환이 이루어져도 바로 값을 치르지 않았고, 장차 값을 치르겠다는 구체적인 약속이 없는 경우도 흔했다.

선물 경제에서 이루어지는 교환은 이런 식이다. 당신이 새 신발 한 켤레가 필요한데 딱히 만들 방법이 없다고 해보자. 그런데 이웃이 찾아와서는 마침 안 신는 신발이 있다며 건넨다. 이웃에게 신발 대신 줄 것이 없다고 하자, 이웃은 선물이니 괜찮다며 손사래를 친다. 하지만 향후 그 이웃이 뭔가 필요할 때 당신이 이번 호의를 갚으리라는 사실을 둘 다 알고 있다. 당신은 이웃이 베푼 관대함에 고마워하며 새로 생긴 예쁜 신발을 신는다.

이런 식의 교환을 선물이라고 한다. 그런데 좀 더 자세히 들여다보면 지금 우리 사회에도 여전히 존재하는 '채무'라는 금융거래와 닮았다는 것을 알 수 있다. 앞의 사례를 채무의 상황으로 변환해보면 이렇다. '지금 신발을 먼저 가져가고 돈은 나중에 갚겠습니다.' 이처럼 선물은 사실 채무에 가깝다. 채무는 돈 자체만큼이나 오래된 개념이다. 인류학자인 데이비드 그레이버^{David Graeber}는 그의 책『부채, 첫 5,000년의 역사』에서 채무가 사실 돈의 가장 초기 형태라고 주장하기도 했다.

돈의 개입이 없던 또 다른 일반적인 교환 방식은 물물교환^{bartering}이었다. 물물교환은 특정 상품이나 서비스를 또 다른 상품이나 서비스와 맞바꾸는 방식이다. 자, 한 번 더 신발의 사례로 돌아가 보자. 물물교환으로 신발을 얻으려면 당신은 우선 신발을 갖고 있는 사람을 찾아야 한다. 그리고 당신에게는 상대방의 신발과 교환할 만한 물건이 있어야 한다. 지금 당신에게 최근 추수하고 남은 곡물 몇 자루가 있다고 해보자. 물물교환을 위해서는 당장 곡물이 필요한 누군가를 찾아야 하고 가격도 맞아야 한다. 얼마만큼의 곡식이 신발 한 켤레 값일까? 물론 이 질문의 답은 상대가 누구냐에 따라 달라진다.

물물교환 방식에는 몇 가지 어려움이 있다. 우선 원하는 바가 동시에 발생해야 한다. 다시 말해 교환이 이루어지려면 당신은 당신이 원하는 것을 가지고 있을 뿐만 아니라 당신이 가진 것도 원하는 누군가를 찾아야 하는데, 말처럼 쉬운 일이 아니다. 두 번째는 당신이 제안하는 물건의 정확한 가치를 알 길이 없다는 점이다. 당신 물건의 가치는 교환하려는 상대가 누구인지, 당신 물건을 얼마나 원하는지, 당신 물건과 비슷한 물건을 가진 사람이 얼마나 있는지에 따라 변한다. 세 번째, 물물교환이 성사되는 데 투입되는 시간과 과정의 복잡성을 고려하면, 생존에 필요한 극히 일부만을 얻는 데 물물교환을 이용할 수밖에 없다.

시간이 흐름에 따라 선물 거래나 물물교환 방식은 그 한계가 더욱 뚜렷해졌다. 사회 규모가 더 커지고 복잡해지면서 거래가 크게 늘어났고, 거래 상대도 집단 바깥의 잘 모르는 사람들로 범위가 확장되었기 때문이다. 물건을 교환하지 않고도 필요한 것을 살 수 있는 방법, 모두가 인정하는 가치를 가진 무언가가 필요해졌다. 바로 돈이 필요해졌다.

● ○   **끊임없이 진화하는 돈**

돈은 거래와 교환을 더 효율적으로 만드는 방식으로 진화했다. 그 자체로 세상 모든 것의 가치 저장 수단이었다. 사람들은 화폐 단위별 가치를 이해했고, 단위마다 어느 정도 가치의 물건을 살 수 있는지도 알고 있었다.

돈은 오랜 시간에 걸쳐 진화해왔고, 그 과정에서 무수한 수정과 개선을 거듭했다. 오늘날 돈은 지폐나 동전의 모습을 띤다(비트코인 같은 디지털 화폐의 가치가 장차 어떻게 변화할지 모르지만, 아직은 이것들도 다른 물리적 통화를 기준으로 측정된다). 돈은 조개껍데기 같은 자연 물질에서 보석과 광석, 곡물로 바꿀 수 있는 종이 차용증서,

디지털 지갑에만 존재하는 현재의 디지털 화폐에 이르기까지 다양한 형태로 변화해왔다.

돈은 문명마다 조금씩 다른 방식으로 발전해왔지만, 문명 전반에 걸친 중요한 공통점이 있다. 즉, 돈은 우리 모두 그것이 가치 있다고 동의하기 때문에 비로소 가치가 생겨난다는 점이다. 돈의 유일한 목적은 우리가 원하는 것을 얻을 수 있게 해준다는 점이며, 우리의 필요에 따라 돈의 가치도 변해왔다.

여기서 흥미로운 점은, 돈의 가치가 변화하면서 역으로 우리 삶의 방식도 변화했다는 것이다. 돈이 진화하며 이제 누구든 자신의 필요에 따라 거래를 하기가 더 쉬워졌다. 거래하는 상대방을 알 필요도 없어졌다. 당신은 오늘 처음 만난 사람에게서도 돈을 주고 신발을 살 수 있게 되었다. 그 사람 역시 그렇게 받은 돈을 가지고 또 다른 누군가에게 자기가 필요한 물건을 살 수 있다는 것을 알고 있기 때문이다.

돈은 또한 전문화를 낳았다. 거래 맺기가 쉬워지면서 인간은 기본적인 욕구를 충족하는 데 그렇게 많은 시간을 소비할 필요가 없어졌다. 대장장이는 말발굽과 연장을 만들어 판 돈을 가지고 옷이며 그릇, 농산물 등을 사는 데 아무 어려움이 없게 되었다. 따라서 자신이 잘하는 일을 하며 살아가는 전문성의 개념이 등장했다.

기회와 자유도 찾아왔다. 끼니와 잠자리를 제공받는 대가로 부유한 지주의 땅에서 고된 노동을 하며 속박의 삶을 살 이유가 없어졌다. 다른 도시로 이동해 새로운 일자리를 찾을 수도 있고, 기술을 익혀 더 나은 직업을 가질 수도 있게 되었다.

결정적으로, 대부분의 사람들이 자급자족하는 생활에서 벗어나 필요한 물건들을 돈으로 구입하게 되면서, 돈의 중요성은 나날이 커져갔다. 이제 사람들은 더는 일을 못 하게 되거나 하고 싶지 않아졌다 해도, 남은 생을 살아가려면 어쩔 수 없이 돈을 벌어야 한다.

● ○   **금융 산업의 탄생**

돈이 개인과 사회에 어떤 영향을 미치는지 역사적 측면에서 짧게 살펴봤지만 그게 전부는 아니다. 돈이 인간의 삶과 일에 미치는 영향력이 확대되면서 새로운 산업이 출현했다. 바로 금융 산업이다. 금융 산업은 돈이 더 복잡해지고 더 널리 통용되며, 그리고 더 많은 사람이 돈 자체로 더 많은 돈을 벌 수 있음을 깨닫게 되며 자연스럽게 태어났다.

정부는 돈의 발행·규제·재분배에 적극적으로 개입한다. 우리는 지구 한쪽에서 일어난 일들이 다른 나라들의 금융시장과 경제에 파장 효과를 일으키는 글로벌 경제에 살고 있다. 금융시장의 움직임은 우리가 통제할 수도 없고, 심지어 정확한 예측도 불가능하다. 이러한 이유로 어떤 이들은 리스크를 걱정하며 금융시장에 뛰어들기를 꺼린다. 하지만 금융시장에 참가하여 금융시장을 당신의 자산을 키우는 데 이용하는 것이 당신의 돈을 효과적으로 관리하는 데 핵심이라는 사실을 다음 장에서 상세히 들여다볼 것이다. 해법은 금융시장을 제대로 이해하여 가능한 한 최선의 결정을 내림으로써 리스크를 최소화하는 것이다.

CHAPTER 3

돈의 3가지 핵심 목적

—

당신이 어떤 인생을 사느냐를 결정하는 것은 단순히 돈의 크기가 아니다. 현재 가지고 있는 돈의 액수가 아닌, 당신이 돈을 관리하는 태도와 방식이 향후 당신의 인생을 결정하게 된다. 삶을 살아가는 데는 반드시 돈이 필요하다. 따라서 인생의 모든 결정도 돈과 관련된 결정이라고 볼 수 있다. 당신이 원하는 최고의 삶을 만들어내고 싶다면, 돈에 대해 이해하고, 돈을 효과적 사용하는 법을 알아야만 한다.

먼저 돈의 목적, 즉 왜 돈이 존재하는지 이야기해보자. 돈은 기쁨, 안정성, 독립성이라는 세 가지 핵심 목적을 수행한다. 4장에서 이 세 가지 목적을 이용해 어떻게 돈에 관한 의사결정을 내리고 인생 목표를 설계하는지, 나아가 보다 쉽게 돈을 관리할 수 있는 '나만의 돈 습관'을 만들어나가는 방법을 자세히 살펴볼 것이다.

●○   돈의 핵심 목적 1: 기쁨

기쁨은 삶을 가치 있게 해준다. 당신이 아침마다 스타벅스 커피 한 잔을 마시고, 갖고 싶었던 명품 핸드백을 구입하고, 건강 관리를 위해 헬스장에서 개인 PT를 받는 등 당신은 자신의 행복과 기쁨을 위해 돈을 쓸 수 있다. 우리가 돈을 버는 이유가 궁극적으로는 행복한 삶을 위한 것이므로, 기쁨을 위해 돈을 쓰는 행위는 당연한 것이다. 따라서 돈의 첫 번째 핵심 목적은 '기쁨'이다.

여기에는 자기만의 행복이 아닌, 사랑하는 가족의 행복을 위한 일도 포함된다. 가족들과 오래도록 기억에 남을 여행을 떠나는 일, 자녀를 더 좋은 학교에 보내고 교육시키는 일 등에 돈을 쓰는 일 역시 기쁨을 위한 소비다. 돈은 우리를 행복하게 만들어줄 물건과 경험을 살 수 있게 해준다.

돈의 핵심 목적 2: 안정성

돈의 두 번째 핵심 목적은 '예상치 못한 일'이 일어났을 때 보호
받을 수 있는 안정성이다. 돈이 있으면 갑자기 차가 고장 나도 출
근하는 데 문제가 없고, 아이가 놀이터에서 손목을 다쳐도 병원
비 걱정 없이 아이를 병원에 데려갈 수 있다. 돈은 언젠가는 일
어날 수도 있지만 예상할 수 없는 일에 발생할 비용을 감당할 수
있게 해준다. 그런 측면에서 돈은 안전띠나 에어백과 같다. 과연
그런 일이 일어날지, 언제 일어날지, 얼마나 필요할지도 예측할
수 없지만, 우리는 자동차를 탈 때 안전띠나 에어백이 꼭 필요하
다는 점은 알고 있다.

● ○   **돈의 핵심 목적 3: 경제적 독립**

돈의 세 번째 핵심 목적은 차츰 경제적 독립을 달성해나가는 것
이다. 즉, 어떠한 직업, 사람, 생활방식이나 기타 환경에 대한 의
존에서 당신을 해방시키는 것이다. 여기서 '독립'이란 직장이나
자기 사업 같은 다른 주요 수입원을 잃더라도 매달 들어오는 돈
이 늘 있다는 뜻이다.

　진정한 경제적 자유를 이루려면 다양한 투자를 통해 자산을

키워가야 하는데, 그 방법에 대해서는 차차 설명할 것이다. 일단 당신이 제대로 된 투자 시스템만 갖춘다면, 돈 자체로 당신은 독립을 달성하게 된다. 핵심은 게임의 방식을 바꾸는 것이다. 당신이 매일 기쁨 속에 살고 있고 기본 욕구를 충족하기에 충분한 현금이 있다고 해도, 당신의 돈이 불어나고 있지 않거나 수입을 만들고 있지 않다면 돈이 가진 잠재력을 100퍼센트 활용하지 못하고 있는 것이다.

기쁨, 안정성, 경제적 독립이라는 세 가지 핵심 목적을 균형 있게 배합한다면 당신은 당신이 원하는 풍족한 인생을 이룰 수 있다. 다음 장에서는 그 이야기를 해보자.

CHAPTER 4

풍요로운 삶의 새로운 정의

—

앞에서 잠깐 언급했지만 나는 학부 시절 간호학과로 편입했다가 일주일 만에 경제학과로 전공을 바꿨다. 법학대학원에 가기에 유리한 전공일 거라고 생각했기 때문이다. 그런 이유로 경제학과에 오게 되었으니, 3학년생이었지만 수학과 경제학 지식이 전무할 수밖에 없었다. 그래서 수강 과목을 대부분 경제학 관련 수업으로 채워 넣었다. 그러나 딱 하나 비전공 선택과목이 들어갈 공간이 남아서 수강 신청 목록을 훑어보고 있었는데 '개인 재무관리 입문'이라는 과목이 눈에 들어왔다. '뭐? 대학 수업에서 이런 걸 배울 수 있다고?' 이미 지난 5년간 직접 경험하고 실수도 하며, 어떻게 하면 내 돈을 효과적으로 관리할 수 있을지 더디고 고통스럽게 배워온 터였다.

그 수업을 들으며 돈에 대한 내 사고에 근본적인 변화가 일었다. 수업 첫날, 새로 산 재무 계산기를 들고 모든 지식을 다 흡수하겠노라며 강의실에 들어갔지만, 곧 개인 재무관리에는 그에 맞는 '자신만의 계산기'가 있다는 걸 깨닫고 머리가 하얘졌다.

나는 그 수업에서 백만장자가 되는 가장 단순한 방법을 배웠다. 바로 '적은 돈을 꾸준히 장기 투자하라'였다. 다들 알다시피 돈에는 액면가치 이상의 무언가가 있다. 돈은 미래에 가치가 더 커질 수 있는 잠재력이 있다. 이를 화폐의 시간가치라고 한다. 즉, 돈은 투자를 통해 불릴 수 있으므로 어떤 돈의 미래 가치는 현재 그 돈의 액면가보다 크다는 뜻이다. 돈을 씨앗이라고 생각하면 된다. 지금 먹어버려도 되고, 나중을 위해 어디에 보관해두어도 되고, 혹은 심어서 더 많은 씨앗을 얻을 수도 있다. 마지막 방법을 선택했다면, 그렇게 얻은 씨앗들을 또 심어서 더더욱 많은 씨앗을 얻을 수 있다. 씨앗 한 알이 시간 속에서 계속 더 많은 씨앗으로 증폭되는 그 시간 곱셈기가 바로 복리와 화폐의 시간가치가 돈과 연동하여 작동하는 방식이다.

달러로 예를 들어보자. 당신에게 100달러가 있고 연 5퍼센트 보장 수익률로 투자할 수 있다고 하자. 1년 후, 당신이 투자한 돈은 5달러의 수익이 더해져 105달러가 된다. 다시 그 105달러를

1년 더 투자하면, 5.25달러의 수익이 더해져 투자금은 110.25달러가 된다. 1년 차에 5달러를 벌었고, 2년 차에 5.25달러를 벌었다. 2년 차에 붙은 0.25달러는 복리 덕이다. 화폐의 시간가치를 얻기 위해 당신이 해야 했던 일은 투자 후 팔짱을 낀 채 복리의 마법이 일어나기를 지켜보는 것뿐이었다.

자, 그러면 어떻게 오늘의 100달러가 장차 100만 달러가 될 수 있을까? 네 가지 중요한 요인이 이를 좌우한다.

1. 최초 투자 금액이 얼마인가?
2. 앞으로 투자 액수는 얼마인가?
3. 투자 기간을 어느 정도로 잡고 있는가?
4. 수익률은 얼마를 예상하는가?

마지막 요인 말고는 모두 당신에게 달렸다. 당신의 장기 자산 형성을 위해 얼마의 돈을 얼마 동안 투자할지는 당신이 결정할 수 있다. 어디에 투자할지도 당신이 결정할 사항이다. 다만 수익률은 당신이 어쩔 수 없는 시장의 힘으로 결정된다.

백만장자가 되겠다는 목표를 10년으로 잡았고, 0달러로 시작해 10년 동안 평균 8퍼센트 수익률이 보장된다고 하면, 매달 5,600달러를 투자해야 한다. 기간을 20년으로 늘리면 매달 투자해야 하는 돈은 1,750달러로 줄어든다. 30년이면 매달 투자액이

700달러로 떨어진다.

경제적 부를 쌓는 일은 수학, 그리고 그 수학이 작동하도록 만드는 행동을 지속할 수 있는 습관이 몸에 배도록 하는 문제다. 그리고 시간이 가장 중요한 요소다. 시간을 짧게 잡았다면 목표를 달성하기 위한 투자 금액이 늘 수밖에 없다.

경제적 부는 꼭 달성해야 할 목표다. 필요할 때 의지할 수 있는 자원을 미리 마련해놓아야 한다는 개념은 누구나 이해하고 있다. 우리는 어린 시절부터 이솝우화의 '개미와 베짱이' 이야기를 통해 그 교훈을 배워왔다. 여름 내내 개미는 겨울을 대비해 먹을 것을 비축하며 힘들게 일한다. 하지만 베짱이는 매일 노래나 하며 빈둥거린다. 이윽고 겨울이 오자 먹을 게 하나도 없는 베짱이는 개미에게 도와달라고 애원하지만 개미는 거절한다. 이 이야기가 주는 교훈은 아주 명확하다. 당신이 현재 가지고 있는 돈의 일부를 떼어 미래를 준비한다면 그 돈은 장차 당신을 먹여 살릴 것이다. 그러나 현재만을 즐기며 미래를 계획하지 않는다면 당신은 겨울날의 베짱이가 될 것이다.

나는 당신이 '부'라는 개념을 단순히 재산을 축적하는 것 이상의, 더 충만하고 의미 있는 삶을 누리는 방식이라는 전체적 시각으로 접근해주길 바란다. 부유함을 금전적 풍족함뿐만 아니라 삶의 모든 측면의 풍족함을 일구어가는 문제로 생각한다면, 당신이 원하는 인생의 모습을 좀 더 구체적으로 그려볼 수 있을 것이다.

물질적인 것만이 아닌, 삶의 모든 측면이 여유로워진 미래의 당신이 추구하는 인생의 가치까지도 생각해볼 수 있을 것이다. 이처럼 구체적인 상이 떠오르면 비로소 당신에게 무엇이 필요한지도 명확히 알게 된다.

이 책이 추구하는 바가 바로 그것이다. 나는 우리가 쌓아 올리는 자산의 크기보다, 인생의 가치를 포함한 전반적인 삶의 질이 풍요로워지기를 원한다. 이 책을 읽는 모든 사람들이 그럴 수 있기를 희망하며, 그 방법에 대해 설명을 이어갈 것이다. 전반적인 삶의 풍요로움을 이루려면 우선 자신을 위한 풍요로운 삶이 어떤 모습인지를 명확히 해야 한다. 그리고 자신이 갈망하는 그 무언가를 이루기 위해 가진 돈을 활용할 줄 알아야 하고, 기쁨을 위한 지출, 안전망 짜기, 경제적 자유 달성하기 사이에 정확한 균형을 찾아야 한다.

이렇게 부를 쌓겠다고 결심하고 전념하면 세 가지 놀라운 일이 일어난다. 우선 첫째, 즐거운 추억과 다양한 경험을 포기하지 않고도 장차 안전한 은퇴자산을 마련할 수 있을 거라는 자신감을 가질 수 있다.

둘째, 이 전체적인 접근 방식이 당신만의 인생 계획에 기초하고 있으므로, 당신이 세운 자산 증식 계획을 고수하기가 훨씬 더 쉬워진다. 자산 목표와 지출 항목 결정을 다른 누군가의 조언을 토대로 세우는 대신, 당신이 원하는 방식으로 세워나가는 것이기 때문이다.

셋째, 자신의 인생 계획과 자산 증식 계획을 연동시키는 것은 가장 확실하게 의지력과 동기 부여를 심어줄 수 있는 방법이다. 어떤 일을 해야 하거나 하지 않아야 할 때, 의지력이란 무한정 솟아나지 않으며 시간이 가면서 차차 꺾이기 마련이다. 더 오래 지속 가능한 형태의 동기는 자신이 추구하는 인생의 가치와 밀접한 가치관, 우선순위, 자존감에서 나온다. 이러한 내재적 동기가 바탕이 되어야만 우리는 오래도록 자신의 계획을 고수하고 실행할 힘이 생겨난다.

행동 과제
BEHAVIORAL TASK

이 책에는 장마다 배운 원칙들을 실행해볼 수 있도록 행동 과제를 마련해놓았다. 상당수는 스스로의 생각을 정리하기 위한 글쓰기이니, 다이어리나 노트를 준비해 첫 과제를 시작해보자. 글을 쓰면 생각을 구체화하는 데 도움이 되고, 나중에 되돌아볼 수 있는 기록도 남게 된다.

이번 장을 통해 인생의 전반적인 풍요로움을 쌓는 일이 곧 당신의 내적 동기를 명확히 하는 일임을 알았다. 그러니 책을 잠시 덮고 다음 질문에 답해보자.

● 내가 생각하는 풍요로운 삶은 어떤 모습인가?
● 그런 삶에서 나는 무엇을 원하는가?
● 그런 삶에서 나는 어떤 의미를 찾는가?

아직은 자신이 꿈꾸는 풍요로운 삶이 어떤 모습일지 구체적으로 그려지지 않는다 해도 너무 걱정할 필요 없다. 앞으로 책을 읽어나가며 조금씩 구체적인 상을 그리게 될 것이다. 우선은 자신을 확인하고, 내면의 소리에 귀를 기울이고, 핵심 동기를 찾는 습관을 길러보자. 이러한 습관들이 당신의 가치관에 맞는 재무 결정을 내리고, 당신이 원하는 풍족한 삶을 만들어가는 길에서 필연적으로 만나게 될 난관들을 헤쳐나가는 데 큰 도움이 될 것이다.

CHAPTER 5

돈 개념과 돈 습관

—

이 세상을 살아가기 위해서는 돈이 필요하다. 그렇기 때문에 돈에 대한 개념을 어떻게 가지고 있느냐에 따라 세상을 이해하는데에도 미묘한 차이가 생긴다. '비싸다'와 '싸다'는 무슨 차이일까? 어느 때 돈을 쓰면 괜찮고 어느 때는 그렇지 않을까? '부유함'과 '가난함'의 차이는 무엇일까? 어떤 것에 '가치'가 있을까?

나는 어린 시절에는 돈에 대해 많이 배우지 못했다. 당시 나의 돈 개념은 모노폴리 게임을 하며 익혔던 수준에 머물러 있었다. 그저 갖고 싶은 물건을 얻기 위해서는 돈이 필요하다는 걸 알았기 때문에, 나 역시 돈이 있었으면 좋겠다고 생각할 뿐이었다. 그러다가 열네 살 때 맥도날드에서 처음으로 아르바이트를 하게 되었다. 그러나 그때도 역시 돈 개념은 크게 발전하지 않았는데, 그저 '돈이 있었으면 좋겠다'에서 '어머, 돈이 생겼다!'로 바뀐 정도였다. 이러한 수준의 돈 개념으로 그 이후로도 몇 년을 보냈다.

물론 이러한 무지에 가까운 돈 개념은 차츰 살아가며 경험과 공부를 통해 채울 수 있으므로 차라리 괜찮다. 문제는 돈에 관해 왜곡된 개념을 갖는 경우다. 특히 아주 오랫동안 내면에 새겨진 돈 개념을 의심 없이 믿고 따를 경우 그것을 벗어나기가 더욱 어렵다. 앞에서 이야기했던 내 군인 시절 동료들의 경우도 그렇다. 그들은 변변찮은 직업을 가졌으므로 나뿐만 아니라 자신들도 집을 살 수 없을 거라고 막연히 믿고 있었다. 이러한 믿음은 막연하기에 오히려 더욱 강력해서, 그들은 이유를 생각해보지도 않고 '자신들은 집을 살 수 없을 것이기 때문에' 집을 사려는 노력이나 계획조차 하지 않았다. 하지만 그 믿음은 결코 사실이 아니며, 집을 살 수 있는 방법은 얼마든지 찾아볼 수 있다. 물론 개인의 노력이 필요한 일이지만 무턱대고 불가능하다고 생각하는 것은 잘못이다.

또한 추구하는 가치에 따라 사람마다 돈 개념이 다를 수도 있다. 즉, 돈 개념에는 사실 정답은 없다. 예를 들어보자. 자동차 대리점에서 새 차를 사는 일을 돈 낭비라고 생각하는 사람들이 있다. 차는 일단 대금을 치르고 운전해 대리점을 빠져나오는 순간부터 가치가 떨어지기 때문에, 차가 필요하다면 중고차를 사는 것이 합리적이라는 것이다. 이것은 사실일까, 아니면 그 사람의 의견에 불과할까?

자동차는 구매하고 나면 가치가 떨어진다는 논리는 중고차를 새 차 가격으로는 팔 수 없으므로 사실이다. 그것이 시장 원리다. 하지만 그런 이유로 새 차는 절대 사면 안 된다는 말은 그저 누군가의 관점일 뿐이다. 이것은 '가치 하락은 나쁜 것'이라는 그 사람의 주관적인 판단에 근거한다. 즉, 그 사람이 추구하는 가치에 부합하는 이야기일 뿐, 추구하는 가치 자체가 다른 사람의 판단은 얼마든지 다를 수 있다. 눈에 들어온 SUV 전기차 모델이 있는데 중고차 시장에 매물로 나오기까지 3년을 기다리고 싶지 않다면 대리점에서 새 차를 사고 그 3년을 버는 일도 충분한 가치가 있을 수 있다. 또 내 차에 모든 최신 안전 기술이 장착되길 원한다면 최신식 신차는 충분히 구입할 만한 가치가 생긴다. 결국 돈 개념은 각자의 가치관에 달린 것이다.

그런가 하면 많은 사람이 가져야만 하는 돈 개념도 있다. 예를 들어 긴급자금은 뜻밖의 금전적 위기를 대비하기 위해 반드시 준비해두어야 한다는 개념을 살펴보자. 대부분 맞는 말이다. 살다 보면 속도위반 딱지나 가전제품 수리 같은 일회성 비용이 들거나, 실직이나 질병으로 연이은 비용 지출이 발생하는 등 긴급자금이 필요할 때가 있다. 물론 긴급자금 없이도 잘 이겨낼 수도 있겠지만, 당신의 전반적인 행복감에 미칠 위험 수위는 상당히 높아질 수 있다. 긴급자금의 액수나 보유 방법은 뒤에 가서 다시 자세히 설명할 테지만, 어떤 형태든 위기 시에 사용할 수 있는 긴급자금은 되도록 준비해두는 것이 좋다.

이처럼 돈 개념은 어떤 경우에는 사람마다 정답이 다르고, 어떤 경우에는 모두에게 통용되는 정답이 존재하기도 한다. 중요한 것은 자신이 가지고 있는 돈 개념이 스스로에게 정답인지를 한 발짝 물러서서 객관적으로 따져보는 것이다. 또한 돈 개념은 살아가면서 조금씩 바뀌기도 한다. 어릴 적 혐오했던 음식인데 어쩌다 먹어보니 꽤 맛있었던 경험처럼, 이따금 그 변화는 자연스럽게 일어난다. 어떤 경우에는 스스로 주도적으로 고쳐야 한다. 자신의 돈 개념을 깊숙이 파고들어 하나하나 다시 살펴봐야 한다. 이에 대해서는 2부에서 자세히 다룰 것이다.

* * *

돈 개념을 바로 세우는 것만큼이나 중요한 또 한 가지는 제대로 된 돈 습관을 만드는 일이다. 돈 습관에 대해서는 3부에서 자세히 설명하겠지만, 여기서 기본만 짚고 넘어가보자.

돈 습관은 일종의 '개인 맞춤 재무관리 체계'다. 자신이 만든 체계에 맞는 경우에만 돈을 지출할 수 있게 하여 당신이 세운 재무 목표와 인생 목표를 달성할 수 있도록 돕는 시스템이다. 당신이 실제로 직접 해나가는 과정이기 때문에 '연습'이라고 생각하면 이해하기 쉽다. '연습'이란 능숙함을 유지하거나 향상하기 위해 특정 활동과 기술을 반복하는 일이다. 더군다나 돈이 (없든 있든) 우리 삶에 미치는 영향을 고려해보면, 누구나 돈에 능숙해지고 싶어 한다. 무엇이든 익숙해질수록 더 쉬워지고 엄청난 결과를 끌어내는 데 필요한 노력도 줄어든다. 특히 당신이 청구서 결재 날이 임박해서야 대금을 갚거나 정기적으로 재무 상태를 점검하기를 꺼린다면, 이러한 체계가 큰 도움이 될 것이다.

그런 다음 나는 '1년 지출 계획'을 세우는 것으로 시작해, 어떻게 당신만의 돈 습관을 수립하는지 차근차근 알려줄 것이다. 지금까지 많은 사람에게 개인 재무관리를 교육하면서, 이 1년 지출 계획으로 수만 명의 사람이 자신들의 재무구조를 완전히 바꿀 수 있었다. 그 이유는 바로 '당신'에게 특화된 계획이기 때문이다. 일단 전체 구성을 이해하기만 하면 세부적인 부분은 당신의 필요에 맞게 설정할 수 있다. 내가 제공하는 이 체계는 당신에게 어떤 규칙을 따르라고 하지도 않고, 저축이나 채무 상환 등을 강요하지도 않는다. 분명한 건, 당신이 곧 만들게 될 '1년 지출 계획'은 포괄적이고 획기적이시만 실행하기도 쉽다는 것이다. 고작 15분이면 당신만의 1년 계획이 가동되고 있을 것이다(5부에서 더 상세히 다루겠다).

돈 습관을 수립하는 두 번째 단계는 당신의 자산 목표와 인생 목표를 달성하는 데 적합하도록 그 체계를 미세 조정하는 일이다. 그러려면 당연히 우선 자신의 자산 목표와 인생 목표가 무엇인지를 알아야 한다. 이때의 목표는 '언젠가는 별장을 갖고 싶다'와 같은 모호한 희망 사항이 아니라, 시간 변화에 따라 당신의 돈 습관 체계를 추적할 수 있는 수준의 구체성이 요구된다. 이에 대해서는 뒤에서 최소 투자율에 대해 살펴보며 더 자세히 설명하겠다. 요점은 당신이 이루려는 목적들을 명확히 하면, 그 목적을 달성하는 데 얼마나 가까이 혹은 멀리 있는가를 알 수 있다는 것이다. 당신이 스스로 구축한 자신만의 체계로 특정 시기에 당신의 발전 정도, 그간 이루어온 실적, 그리고 앞으로 나아갈 길을 볼 수 있다.

물론 돈 습관을 만들어나가는 것에도 지나친 경직성보다는 균형이 중요하다. 5년 안에 별장을 사겠다는 계획이 착착 이루어지고 있다고 해도, 매일 매 끼니를 사발면으로 때우며 스스로 비참함을 느끼고 있다면, 그것은 돈을 효과적으로 관리하고 있다고 볼 수 없다. 자산관리는 현재도 최고의 삶을 살면서 앞으로의 꿈같은 삶을 구축하는 데도 도움이 되어야 한다. 위의 사례에서 가장 좋은 해법은 무조건 절약해 목표한 수익을 얻는 것이 아니라, 더 많은 소득을 얻을 방법을 찾는 것이다(그럴 수 있는 방법에 대해서도 뒤에서 함께 설명하겠다).

마지막으로 돈 습관을 수립해 이제 당신이 돈을 효과적으로 관리하고 있다면, 당신이 그 체계에 들이는 시간도 당신이 원하는 딱 그만큼이면 충분해야 한다. 우리가 시간을 '소비한다'라고 표현하는 이유는 단순한 우연이 아니다. 시간은 한 번 쓰고 나면 결코 다시는 얻을 수 없는, 돈보다 더 큰 가치를 지닌 재산이다. 따라서 제대로 된 돈 습관 체계에는 당연히 그러한 시간 가치가 반영되어야 한다. 어떤 사람들은 매주 토요일 오후, 은행 잔고 명세서를 정밀 분석하며 행복해한다. 그들에게 그 시간은 충분한 가치가 있다. 하지만 설정해놓고 잊고 있다가 한 달에 한 번 정도만 점검해도 그만인 사람들도 있다. 당신에게 꼭 맞는 방식을 알아내는 일은 당신이 얼마나 자주 재정 상황을 살펴볼 의지가 있는지를 깨달아야 하므로 시간을 들여 차차 개선해가야 하는 일이다. 하지만 일단 자신이 어느 정도 자주 점검할 것인지, 또 어떤 내용을 위주로 점검하기를 원하는지에 대한 이해가 완성되면 당신이 원하는 방식으로 돈 습관을 조정해갈 수 있다.

여기까지가 돈 습관 수립에 대한 간략한 설명이다. 하지만 강조하고 싶은 몇 가지 다른 중요한 사항이 있다. 첫째, 나는 '당신'이 '당신' 돈을 관리할 최적임자라고 믿는다. 도움을 얻고자 회계사나 금융설계사를 고용하더라도 여전히 최종 관리자의 존재는 필요하다. 그런 외부인들이 당신 체계의 일부이기도 하고 당신 목표로 다가가는 데 도움이 될 수도 있지만, 그들이 '목표'를 설정할 수는 없다. 그것은 전적으로 당신이 할 일이다.

두 번째는 누구나 자기 돈을 효과적으로 관리하는 법을 배울 수 있다는 점이다. 돈 관리는 연습과 학습을 통해 쌓아갈 수 있는 능력이다. 당신이 이 책을 읽으며 지금 하는 것처럼, 시간을 들여 돈의 작동 방식을 이해하려고 하는 것 외에는 어떤 진입장벽도 없다. 자기 돈을 관리하는 법을 배우는 일이 중요한 이유는 재무 관련 의사결정을 무리 없이 내릴 수 있어야 할 뿐만 아니라, 결국 누구도 당신만큼 당신 돈에 신경 쓸 사람은 없기 때문이다. 재정 적 선택의 결과를 감내해야 하는 당사자는 당신이다. 결과에 대 해 어떤 책임도 질 필요가 없는 누군가에게 재정 문제를 결정하 라고 맡길 수는 없다. 만약 자신의 재무관리를 전문가인 제삼자 에게 맡긴다 하더라도, 그것 역시 당신 계획의 일부여야만 한다. 즉, 자신만의 돈에 대한 가치관, 목표, 인생 비전이 명확해야 한 다. 그렇지 않다면 자신의 가치관을 누군가의 가치관과 맞바꾸는 것과 같다.

세 번째로 돈 관리는 개개인이 해야 할 연습이다. 다시 말해 남 들이 돈을 관리하는 방식에 지나치게 좌우되는 것을 특히 경계 해야 한다. 또한 다른 사람들이 당신의 돈 관리 방식에 훈수를 두 거나 조언을 하는 상황도 주의해야 한다. 당신은 당신만의 체계 와 가치관을 갖고 당신의 목표를 향해 달려가고 있으니, 다른 사 람들이 하는 방식이나 조언에 휘둘릴 필요 없다. 당신이 부족한 재무 지식을 더 배우려고 하는 자세는 언제나 바람직하지만, 새로운 지식을 받아들일 때는 늘 비판적인 눈으로 봐야 한다. 자칫하다가는 "40대에 은퇴하려면 ○○ 정도의 돈을 저축해야 한다", "이자 비용이 ○○퍼센트 이상이면 잘못된 것이다"라는 등 소위 '규칙'을 따르지 않고 있는 자신을 발견하고는 의구심과 수치심의 나락으로 떨어지기 십상이다. 이것이 바로 당신만의 목표를 기초로 당신의 계획을 처음부터 당신이 직접 짜는 방법이 탁월한 이유다. 바른길로 가고 있는지 확신이 안 선다면, 당신 안에 장착된 직관이라는 나침반과 객관적인 수학적 자료를 확인해보면 된다.

자산을 효과적으로 관리하려면 남이 당신에게 권하는 것 말고, 당신이 진정으로 무엇을 원하는지를 알아야 한다. 누구나 가격표를 안 보고 카트에 이것저것 담고 싶다. 누구나 애착이 가는 공간에서 살고 싶고, 원하는 차를 운전하고 싶고, 사랑하는 사람들과 함께 어울려 살고 싶고, 가끔은 즉흥적으로 살고 싶다. 누구나 열정적으로 좋아하는 것을 할 시간이 있었으면 한다. 누구나 재밌고 도전적이고 보수가 좋은 일을 하고 싶다. 그리고 누구나 이 모든 측면이 어떻게 맞물려 돌아가야 하는지에 대한 자기만의 특별한 비전이 있다.

따라서 그 특별하고 개인적인 비전이 당신이 추진하고 있는 프로젝트라면, 당신 개인의 돈 습관은 공구 상자와 같다. 목적을 이루는 데 어떤 공구가 적합할지를 고를 사람은 당신뿐이다.

행동 과제
BEHAVIORAL TASK

앞으로 이어질 2부에서는 사람들이 가지고 있는 일반적인 돈 개념들과 어떻게 그 개념들을 다시 구성하는지를 자세히 설명할 것이다. 하지만 그 전에, 당신만의 돈 개념 목록을 작성해보는 시간을 가져보자.

다이어리나 노트에 돈 하면 떠오르는 '사실'을 어떤 것이든 적어보자. 당신의 삶, 일, 정체성과 관련된 크고 작은 것들이 있을 것이다. 이제 계속 독서를 이어가며 전형적인 돈 개념을 만날 때마다, 당신이 알고 있는 '사실'이 실제로는 그런 돈 개념에 기초한 생각에 불과하지는 않은지 자문해보자.

PART 2

잘못된 돈 개념
바꾸기

CHAPTER 6

돈 실수에 자책하지 마라

—

"누구나 실수한다."

우리가 후회할 만한 일을 저지르고 나면 흔히 듣는 말이다. 우리의 친구 혹은 가족들은 우리를 위로하며 "실수 안 하는 사람은 없어", "다들 그렇게 한 번은 말아먹어" 등의 이야기를 건넨다. 하지만 이 악의 없는 말이 어떤 결과를 초래하는지 잠깐 생각해 보자.

이런 사고방식을 내재화하면, 당신은 삶을 실수의 연속인 것처럼 여기게 될 수도 있다. 이런 관점은 경계해야 한다. 후회되는 모든 선택을 실수라고 생각할 필요는 없다. 그보다는 당신을 좀 더 칭찬해주자. 생각해보면, 뭔가 정말 끔찍한 짓을 해서 자신을 망가뜨리자고 작정할 사람은 없다. 득이 될 것이 하나도 없음을 알면서도, 그러고 나면 인생이 비참해질 것을 예상하면서도 그런 짓을 할 사람은 없다. 정말로 그런 사람은 단 한 명도 없다.

어떤 선택을 하든 그 순간 당신은 최선을 다하고 있는 것이다. 당신이 가치 있다고 생각하는 것, 알고 있는 것, 느끼는 것이 맞는지 살펴보고 있다. 이제까지의 경험들도 총동원하고 있다. 즉, 그 순간만큼의 당신의 선택은 최선이다. '자, 이제 엄청난 실수를 할 시간이군' 하고 들어가지는 않는다는 말이다. 당신이 내린 선택에 가치판단을 하려면 (몇 시간이든 며칠이든 몇 달이든) 시간이 지나야 한다.

그리고 지난 실수에 가치판단을 하게 되는 그때, 당신은 문제에 빠져든다. 이때 당신은 인생 경험이 쌓여 관점이 바뀌었을 수도 있고, 당신의 선택이 가져온 결과가 이제 막 피부에 와닿기 시작했을 수도 있다. '다시는 그런 실수 하지 않을 거야'라고 자신에게 얘기할지도 모른다. 이제는 결과를 모두 보았으므로 다시 그런 상황이 온다면 다른 선택을 할 거란 걸 안다. 건강하고 성숙한 자세다. 하지만 수많은 사람이 자동으로 '누구나 실수한다'라고 생각하고, 거기서부터 수렁으로 빠져든다. '난 늘 실수해', '난 늘 일을 망쳐' 이러면서 자기에게 부정적 인식을 덧씌우고 기정사실로 만들어버린다. 이처럼 실수를 했다고 움츠러들거나 자책

해선 안 된다. 그보다는 자신의 행동을 중립적으로 되돌아보려는 태도가 훨씬 더 유익하다. 오히려 감사한 마음을 가져야 할 수도 있다.

누군가는 이런 근거 있는 자기반성은 대체로 좋은 습관이라 조언할지도 모르겠다. 하지만 그 습관을 돈과 연관 지어 생각해 보자. 먼저 명심할 것은 생각은 행동을 낳는다는 것이다. 마찬가지로 '돈 실수'에 대해 자책하다 보면 자기충족적 예언, 즉 말이 씨가 되는 일이 벌어진다. 때때로 당신은 스스로 긍정적이라고 생각하는 행동을 취한다. 매달 월급을 받는 족족 다 써버리다가, 어느 순간 이제 정신을 차렸다며 앞으로는 수입의 85퍼센트를 저금하겠다고 계획을 세우고 적금 통장을 개설할 수도 있다. 그러나 과연 이 거창한 계획은 오래 지속될 수 있을까? 과거의 돈 습관을 제대로 반성해볼 시간을 갖지 않았기 때문에, 이러한 결심은 당신의 가치관에 맞는 합리적인 선택이라고 볼 수 없다. 결국 스스로가 정한 (불가능한) 목표에 도달하지 못하는 자신을 발견하고, 또다시 자책을 시작할 것이다. 아니면 어깨를 으쓱하고 이후로는 아무런 결심도 안 하게 될 수 있다. 그런 부정적인 감정의 힘은 막강해서 당신은 도망쳐버리거나 되는 대로 살게 된다.

당신이 돈을 관리하고 지출하는 방식을 수치심의 근원으로 이해하는 대신, 배우고 실험하고 탐구할 대상으로 볼 수도 있다. 가끔은 '나쁜 생각'처럼 보이는 것들에서 긍정적인 효과를 끌어낼 수도 있다. 예를 들어 '나는 평생 멍청하게 빚만 갚으며 살게 되겠지? 도대체 왜 그래야지?' 혹은 '이런, 이번 달도 결국 저금 한 푼 못 하고 월급을 다 써버렸네' 같은 생각을 하고 있다면, 바로 거기가 시작점이 될 수 있다. 어쩌다 그 선택을 하게 되었는지 선택의 이유를 심사숙고해보고, 그 경험에서 얻을 수 있는 긍정적인 돈 교훈을 찾아보자.

당신이 스스로 예산을 짰고, 이번에는 정말 잘 지키겠다고 결심했다고 해보자. 하지만 겨우 한 주가 지났을 뿐인데 일은 고되고, 퇴근하고 집에 오니 아이들이 거실을 난장판으로 만들어놨다. 몸도 마음도 녹초가 된 당신은 결국 스스로와의 약속을 깨고 배달음식을 시키고 만다. 하지만 '이럴 줄 알았어, 나는 내가 세운 결심을 일주일도 지키지 못하는 사람이야' 하고 자책하지 마라. 열심히 일한 당신은 배가 고프고 피곤하다. 그래서 문제를 해결하기 위해 (계획에는 없었지만) 돈을 썼다. 사정을 따져보면 당신은 그 상황에 맞는 최선의 선택을 한 것이다. 이제 왜 당신이 지출 계획을 지키지 못했는지 이해할 수 있다. 이 단계에서 해야 할 일은 생산성 없는 자책이 아니라, 당신의 지출 계획이 틀어지는 원인을 제공하는 패턴을 찾는 것이다. 그 패턴이 어떻게 반복되는지 파악하고 해결할 방법을 궁리하는 데 에너지를 쓰는 것이 훨씬 더 생산성 있는 일이다.

정말 이렇게 단순할 수 있다. 돈을 효과적으로 관리한다는 말이 늘 완벽해야 한다는 뜻은 아니다. 평생 시행착오를 통해 서서히 발전해가는 배움의 과정이다. 이제까지 나는 지금이라면 다시는 하지 않을 수많은 재무 결정을 해왔다. 나는 그런 부류의 결정을 '다시는'이라고 부르지만, 앞으로도 수많은 새로운 '다시는'이 날 기다리고 있다고 확신한다. 우리는 인생을 예측할 수 없다. 아무리 그 순간 최선의 결정을 하려고 노력해도 모든 결정이 좋을 수는 없다. 하지만 괜찮다. 내가 어떤 선택을 했는데 결과가 기대와 다르거나, 기대했던 대로이긴 하지만 결과를 얻고 보니 딱히 마음에 들지 않는다고 해서 나 자신, 다음번엔 좀 더 나은 결정을 내릴 수 있는 내 판단력, 혹은 나의 모든 재무 목표를 달성할 수 있는 능력이 의심받을 만한 일은 아니기 때문이다.

법대 2년 차 여름에 한 로펌에서 인턴으로 일하며 억대 연봉을 받았다. 당시 내가 다른 일을 했더라면 벌 수 있던 금액의 여섯 배 이상이었다. 자축의 의미로 루이비통 가방을 사기로 했다. 매장에 찾아가 1,200달러짜리 가방을 샀다. 그건 그때까지 나를 위해 산 것 중 가장 비싼 물건이었다. 그러고는 그런 거금을 들인 가방이니 어디든 늘 메고 다니기로 했다. 댈러스에서 인턴 할 때도 메고 다녔고, 학교에서는 책가방 대신 메고 다녔다. 하지만 노트북과 무거운 전공 서적을 넣고 다니다 보니 일 년도 안 됐는데 끈이 해지기 시작했다. 매장에 전화해서 수리를 문의해봤더니 새 끈이 800달러 정도 할 거라고 했다.

화가 났다. 이런 고가 브랜드의 애프터서비스가 이 정도밖에 안 된다는 사실이 상식적으로 이해가 안 됐다. 다시는 루이비통 가방을 사는 실수는 저지르지 않겠다고 맹세했다. 하지만 가방을 샀던 건 내 실수니 잊어버리자고 생각했던 건 처음 반응일 뿐이었다. 이제 시간이 흐른 지금은 전혀 다르게 이해하고 있다. 그것은 실수가 아니었다. 그 가방을 사고 가방끈이 뜯어진 경험을 통해, 8개월 후에 수선해야 할지도 모르는 가방에 1,200달러를 써도 전혀 문제가 없는 재정 여건이 되기 전까지는 다시는 루이비통 가방을 사지 않겠다는 결심을 하게 됐다. 또 한 가지 배운 점은 비싼 가방이라고 해서 대단한 귀중품처럼 다룰 필요도 없다는 것이었다. 그 가방 사건을 통해 쓸모 있고 실용적인 교훈을 너무 많이 얻었다. 그리고 이제는 과거 일로 과거의 나를 재단할 필요는 없다는 것도 안다. 시간이 흐르고 보니 실수인 줄 알았던 일에서 오히려 많은 교훈을 얻었기 때문이다. 가방 하나 덕분에 나 자신, 나의 가치, 그리고 내가 내 돈을 어떻게 쓰길 원하는지에 대해 많은 것을 파악하게 되었다.

그 순간에 자신을 측은히 여기고 왜 그런 결정을 했는지를 기억하는 일이 늘 쉬운 일은 아니지만, 중요하다. 자신의 귀한 시간을 자책하는 데만 쓰면 중요한 교훈을 놓치게 된다. 대신 이전에 문제를 해결했던 방식을 생각해 내 마음의 위안으로 삼고, 새로 배운 내용을 기억하며 앞으로 나가야 한다.

- **낡은 개념:** "난 낙오자야. 멍청해. 돈과 관련해 너무 많은 말도 안 되는 결정만 해왔어."
- **새로운 개념:** "오늘부터 더 나은 결정을 할 수 있어. 이전에 내가 했던 모든 결정으로 내가 뭘 원하고 뭘 원하지 않는지에 대한, 값을 매길 수 없는 소중한 교훈을 얻었잖아. 같은 실수를 반복하지 않는다고 맹세해."

행동 과제
BEHAVIORAL TASK

자신을 용서하고 죄책감을 버려라. 지금 생각해도 얼굴이 달아오르는 일을 하나 골라, 그때 당신은 나름의 최선의 결정을 했노라고 자신을 일깨워줘라. 결과적으로 교훈을 얻은 사실에 감사를 표하라.

CHAPTER 7

빚을 두려워하지 마라

—

채무, 즉 빚에는 아무 문제가 없다. 소리 내어, 혹은 속으로 따라 읽어보자. "채무가 있어도 아무 상관 없다."

채무는 무슨 일이 있어도 피해야 하는 뭔가가 아니다. 채무는 수단이다. 유용하다. 절대로 노예가 되는 일이 아니다. 부자가 되는 일을 미룰 이유나 구실은 더더욱 아니다.

나는 그간 여러 해 동안 소비자금융 변호사와 자산운용 전문가로 일하면서 이 사실을 사람들이 가장 이해하기 힘들어한다는 걸 알게 됐다. 채무에 대한 사람들의 인식을 바꿔가는 일은 내가 평생 해야 할 일이다.

대부분은 채무가 원하는 삶에 방해가 된다며, 나쁘다고 알고 있다. 하지만 그렇게 생각하지 않는 사람이 누군지 아는가? 바로 소비자금융 전문가들이다. 소비자금융 분야에서 십여 년을 일한 나도 그중 한 명이다. 내가 주로 했던 일은 신용에 대한 소비자들의 접근성을 확대하는 일, 즉 사람들이 신용을 이용할 수 있도록 돕는 일, 바로 빚을 지도록 하는 일이었다. 전문가들이 동의하고 연구 결과로도 뒷받침되는 사실은 신용을 이용하면 안정성을 이룰 수 있다는 것이다. 다시 말해 빚도 효과적으로 사용하면 부 축적에 큰 도움이 된다.

나는 돈에 대해 강의를 시작하면서 사람들이 채무에 대해 극도로 부정적으로 말하는 걸 수도 없이 들었다. "빚은 엄청난 부담이야." "주택담보대출을 갚기 전까지는 노예로 사는 것과 다름없어." "절대로 빚을 지면 안 돼!" 나는 너무 놀랐다. 내가 지난 십여 년간 알리기 위해 노력한 것의 정반대 개념을 절대적으로 믿고 있는 사람들이 너무 많았다. 이런 채무에 대한 잘못된 낭설들과 개인적 믿음들은 돈을 둘러싼 모든 대화에 지나치게 깊숙이 파고들어 있어 사실에 맞게 재구성해야 할 필요가 있다.

내가 사람들에게 들은 것들은 사실이라며 전파된 말들이지만, 단순한 생각에 불과하다. 이렇게 양산된 개념들과 생각들로 두려움, 수치심, 불안이 조장되고, 사람들은 각자의 사정에 맞는 최선의 방식으로 채무를 이용할 수 있는 합리적인 결정을 못 하게 된다. 빚을 전혀 지지 않을 수도 있고, 장기에 걸쳐 여러 개의 채무를 끌고 갈 수도 있고, 개개인의 사정에 맞게 채무를 이용하는 다양한 합리적인 방법이 존재한다. 중요한 건 두려움과 부정적 감정 없이 당신 스스로 결정을 내려야 한다는 점이다.

빚은 시간을 벌기 위해 돈을 이용하는 일이다. 그뿐이다. 그러니 당신에게 시간이 돈보다 중요하고, 또 신중히 현명하게 사용한다면 채무는 혜택이 될 수도 있다. 시간은 그저 주어지는 것 외에는 더 얻을 방법이 없지만, 채무를 이용하면 돈을 주고 시간을 구입하는 것과 유사한 효과를 볼 수 있다. 가끔 당신은 미래에는 그다지 가치가 없을 뭔가를 지금 원할 때도 있다. 채무가 반드시 나쁜 것은 아니다. 오히려 자신에게 물어야 할 질문은, 채무를 이용하면 당신 목표에 더 가까워질 수 있느냐 아니냐다.

대부분 우리는 채무가 명백한 부정적 사실이어서 최대한 빨리 갚아야 한다고 배웠다. 안 그러면 절대 자유로울 수 없다며 '평생' 돈을 갚는 일을 두려워하게끔 배웠다. 하지만 세금과 전기세처럼 평생 돈을 내야 하는 일은 무수히 많다. 아무도 없는 시골로 들어가 전기 없는 삶을 살지 않는 한, 전기세는 당신이 평생에 걸쳐 치러야 할 대가다. 빚도 마찬가지일 뿐이다.

이처럼 우리 내면에 새겨진 다양한 돈 개념들을 인지하고, 그것이 도움이 되는지 아닌지를 스스로 비판적으로 사고해야 한다. 전기를 사용하며 사는 삶을 거부할 독자는 없을 듯하니 전기로 예를 들어보자. 당신이 매달 전기세로 25세부터 85세까지 매달 70달러를 낸다고 가정하자. 1년이면 840달러이고, 60년이면 다 합쳐 5만 달러가 넘는다. 어떤가? 평생 동안 전기세로 5만 달러 이상을 내야 하다니 당장 전기 사용을 줄여야 한다고 생각되는 가? 전기세를 평생 내다가 미래 재정이 파탄 날까 봐 불안한가?

요점은 전기세처럼 평생 내야 할 비용들이 많은데, 우리가 그런 지출로 불안해하지는 않는다는 것이다. 하지만 전기세와 똑같은 지출일 뿐인 채무에 대해서는 불안해한다. 각각이 가져다줄 가치 측면에서 이해하지 못하고 채무는 나쁜 지출이라고 믿어버린다. 전기가 삶을 안락하게 해주는 가치를 제공한다는 사실에는 만족하면서도 채무를 그렇게 대하지는 못한다.

현금이 생길 때까지 물건 사는 일을 미루는 대신, 채무로 당장 그 물건을 사서 가질 수도 있고, 물건 값을 할부로 나누어 차차 갚아갈 수도 있다. 채무로 출퇴근용 자가용을 살 수도 있고, 경력에 도움이 될 교육도 받을 수 있고, 가족이 살 집을 살 수도 있다. 기다릴 수 없거나 기다리기 싫다면, 채무로 시간을 사는 일은 그 가치가 엄청나다. 한 예로, 난 열아홉 살 때 첫아이 알렉시스를 임신했을 당시 우리 둘이 생활하는 데 필요한 것이 하나도 없었다. 내 수중에 있던 돈으로는 살 수 있는 것이 없었고, 그것은 앞으로 임신 9개월 동안 돈을 모아도 마찬가지였다. 우선 당장 차가 필요했지만, 9개월 내내 아끼고 아껴봤자 2천 달러가 모일까

말까 했다. 그 정도 돈이면 아주 낡은 중고차 정도는 가능했을지도 모르지만, 당시 알렉시스와 내가 생활하기 위해 필요한 다른 많은 것들은 포기해야 했을 것이다.

그래서 모든 걸 신용으로 샀다. 채무를 이용했다. 침대 매트리스도, 대학 수업을 온라인으로 들으려고 산 첫 컴퓨터도 할부로 구매했다. 어디 그뿐인가. 빚을 지지 않았다면 대학에 들어가는 일도 훨씬 나중으로 미뤄야 했을 것이다. 내 아이의 삶의 질도 타협할 수밖에 없었을 것이다. 다시 말해 나는 내가 가장 필요한 것들을 필요한 순간에 가질 수 있는 혜택에 돈을 낸 것이다. 그때 빚을 지는 일은 당연히 그만한 가치가 있었다. 채무로 내 삶은 업그레이드되었으며, 채무로 현재의 내가 있다.

또 다른 예도 있다. 2020년 2월, 즉흥적으로 가족과 디즈니랜드로 여행을 가기로 했고 일부 경비는 신용카드로 결제할 생각이었다. 그해 여행 경비로 모아둔 돈을 다른 데 다 써버려서 다시 돈을 모으고 있었지만, 그냥 일단 가기로 했다. 아이들이 영원히 아이들로 남아 있지는 않을 터였다. 여행 후 두세 달을 신용카드 대금을 갚는 데 힘써야 한다는 걸 알았지만, 아무 상관 없었다. 그리고 여행에서 돌아왔더니 코로나19 팬데믹이 시작됐고 이후 2년 동안 한 번도 가족 여행을 갈 수 없었다. 그 2년 사이에 알렉시스는 대학에 갔고, 그런 충동적인 가족 여행도 더는 할 수 없었다. 당시에도 빚으로 디즈니랜드에 다녀오는 일이 그렇게 꺼림

칙하지 않았지만, 돌아보니 더 없이 잘했던 일이다. 내가 채무를 활용한 덕분에, 코로나19로 갇혀 지냈던 몇 년 동안에는 꿈도 못 꿨을 즐거운 가족 여행을 할 수 있었다.

이런 사례들은 왜 우리가 무의식적으로 받아들이는 돈 개념들에 대해 비판적으로 사고해야 하는지를 보여준다. 또한 채무가 당신의 삶에 선사해줄 모든 가치도 보여준다. 하지만 핵심은 채무가 있어도 부를 축적할 수 있다는 점이다. 사람들은 채무를 상환하면서 동시에 부를 쌓을 수 없다고 믿거나, 가능은 할지 모르지만 잘못된 돈 개념일 거라고 생각한다. 두 개념 모두 틀렸다.

당신의 돈이 어떻게 여러 가지 목표를 동시에 이루는 방향으로 쓰일 수 있는지 뒤에서 더 자세히 설명할 것이다. 간단히 말하면 일부는 채무를 갚는 데 책정해놓고, 일부는 자산을 쌓는 데 책정할 수 있다. 나아가 소위 '상식'과 '경험'에 근거한 금융 조언들처럼, 당신의 재무 계획이 꼭 어느 한 방향만을 선택해야 할 이유도 없다.

당신에게 부 축적이란 개념은 궁극적으로 경제적 독립이다. 그 목표를 이루려면 은퇴 후 지출을 충당할 수 있는 소득을 제공할 충분한 자산이 마련되어야 한다. 반면 채무를 갚아나가면 당신의 선체 채무가 줄어들고 결국 지출도 준다. 하지만 소득을 일으키는 자산으로 돈을 쓰고 있는 것은 아니다. 다시 말해, 채무 상환 그 자체가 자산 축적은 아니다.

즉, 빚을 갚는 일과 부를 쌓는 일은 별개다. 당신의 돈은 한 번에 여러 가지 재정 목표를 달성할 수 있는 능력이 있다. 당신은 그냥 그 두 가지 능력을 잘 활용하기만 하면 된다.

채무를 줄이는 일이 가장 우선되어야 한다는 개념은 지나치게 일반화된 나쁜 조언이다. 모두 자신만의 우선순위와 가치가 있으므로, 채무 상환에 대해서도 각자의 계획에 따라 우선순위를 달리 매겨야 한다. 자신만의 우선순위와 가치를 먼저 고려하지 않으면, 자산관리 능력을 쌓을 수 없다. 돈을 더 잘 굴릴 수 없다. 채무에 대한 천편일률적인 조언은 여러 가능성을 살펴보고 이해해보려는 당신을 옥죈다. 셈을 통해 어떤 결정이 최선일까를 헤아려볼 기회를 빼앗아 간다. 절충하라고 하지만, 당신 앞에 놓인 선택지를 먼저 따져보라거나, 어떤 다른 선택을 제시하지도 않는다. 결과적으로 당신은 별 계획 없이 절충이라는 걸 하게 된다. 자신만의 재무 상황에 맞는 합리적인 결정을 내리고 있는 것이 아니다.

한편, 위와 같은 이유로 이번에는 채무 상환이 올바른 결정일 수도 있다는 점을 강조하고 싶다. 가만히 앉아 요목조목 따져보니 1년 동안 _____의 빚을 갚는다면, 은퇴 준비로 _____만큼 더 많은 돈을 모아야 한다는 사실을 깨달았다. 그렇지만 그것이 당신이 세운 예산 계획의 일부이고 제대로 된 길이라면, 당신에게는 좋은 계획인 셈이다. 핵심은 채무를 유지하든 갚아나가든

간에 이렇게 장점과 단점을 꼼꼼히 따져보고 결정하라는 것이다. 하지만 많은 사람이 이렇게 장단을 따져보기도 전에 '빚은 나빠'에서 생각을 멈추고, 그 결과 돈을 더 많이 모을 수 있는 잠재력을 깎아버린다.

빚에 대한 이런 개념으로 안목도 짧아진다. 최대한 많은 돈을 모으는 일이 지상 최대의 목표가 되어버리면 매일 최소한의 지출만 하려고 하게 된다. 그런 단기 저축액에 눈이 멀어 장기적 관점의 더 풍족하고 광범위한 목표가 희생된다는 사실을 놓친다. 포기하고 있는 것이 무엇인지도 모른 채 또 한 번의 절충을 하고 만다. 우리 대부분은 돈에 대해 장기적으로 사고하는 데 익숙지 않다. '지금 발생하는 비용은 얼마?'의 관점으로 재정적 결정을 평가하지, '지금 얼마의 비용이 발생하고, 그 결과 나중에는 얼마의 비용이 발생할까?' 하고 생각하지 못한다.

채무 상환을 언제나 최우선으로 두면 중요한 투자 습관을 키워갈 수 없다. 투자할 가능성도 줄고, 투자 방법과 관련된 정보를 찾아다닐 가능성은 더더욱 줄어든다. 활발하게 투자하지 않는 세월이 쌓여가면 따라잡는 일이 힘들어질 수도 있다. 투자 습관은 근육과 같다. 시간을 들여 단련하려고 노력하지 않고 꾸준히 운동해주지 않으면 줄어들게 된다. 시작을 미루는 만큼 빠르게 키우기도 더 힘들어진다. 동시에 바벨(경제적 자유에 필요한 은퇴자금)도 나날이 더 무거워진다. 화폐의 시간가치가 작동하기 때문이다.

종합하자면, 투자 시작을 미루면 미룰수록 당신의 재무 목표를 달성하기는 그만큼 더 힘들어진다. 마찬가지로 당신의 돈 개념을 바로잡는 일은 빠르면 빠를수록 좋고, 그만큼 목표 달성도 빨라진다. 투자를 나 자신에게 가장 먼저 돈을 챙겨주는 것으로 생각하라. 미래의 당신이 그간 투자해온 돈의 첫 수혜자이며, 채무를 포함한 다른 지출도 그 돈으로 처리할 수 있다. 자신을 위한 돈을 먼저 챙긴다는 생각을 쉽게 할 수 있는 일은 아니니, 당신이 그간 실수한 건 아무것도 없다는 점을 기억하라. 앞으로 이 책을 읽어가며 당신에게 필요한 모든 돈 관리 능력을 키워가다 보면, 왜 가장 먼저 자신에게 돈을 내는 일이 정말 맞는 말인지 알게 될 것이다.

우선은 채무에 대한 두려움을 벗어던져야 한다. 그리고 당신이 추구하는 가치와 목표 달성을 위한 도구로 인식하라. 안전한 새 차 구매가 가치 있는 일이라고 생각한다면, 감당할 수 있는 범위에서 채무를 기꺼이 고려할 수 있다. 혹은 가족의 건강과 행복에 가치를 둔다면, 빚을 내서라도 딸아이의 치아 교정을 시작해줄 수 있을 것이다.

- **낡은 개념:** "빚이 너무 많아서, 난 아마 절대로 경제적 자유를 이룰 수 없을 거야."
- **새로운 개념:** "그간 채무를 쌓아온 나를 용서한다. 채무는 휴대전화나 전기 요금처럼 또 하나의 고지서일 뿐이야. 갚을 거고, 그러니 수치심을 느낄 필요도 없지."
- **추가 개념:** "돈을 빌리는 일과 부를 쌓는 일을 동시에 할 수 있어."

행동 과제
BEHAVIORAL TASK

현재 채무를 지고 있다면 왜 지게 되었는지, 채무로 인해 얻은 혜택은 무엇인지 생각

해보자. 그리고 그 돈으로 무엇을 샀든 흡족하게 즐기는 연습을 하자.

CHAPTER 8

돈 쓰기와 돈 모으기는
양자택일이 아니다

—

좋은 소식! 부자가 되는 법에 좋은 물건에 돈을 쓰면 안 된다는 항목은 없다.

부자가 되기 위한 많은 요소를 최대한 간단하게 분류해보면 결국 두 가지뿐이다. 첫째는 수입보다 지출이 많으면 안 된다는 것이고, 둘째는 투자를 통해 시간 속에서 돈을 불려나가라는 것이다. 특히 당신이 모아온 돈에 의지할 때가 되었을 때 쓸 수 있는 충분할 정도의 금액이 쌓일 만큼 투자해야 한다. 결국 관건은 수입과 지출 간의 차이 그리고 당신의 투자 금액이지, 당신이 어디에 돈을 쓰는지가 아니다.

이 사실이 너무 자주 잊혀, 너무 많은 사람이 절약만이 부자가 되는 유일한 방법이고 잔돈을 귀하게 생각하는 일에 무언가 도덕적으로 우월함이 있다고 생각한다. 아래와 같은 말들을 자주 들어보지 않았는가?

- '원하는' 것이 아닌 '필요한' 것에 돈을 써라.
- 뭔가 필요하면 '꼭' 최소한의 지출로 사라.
- 되도록 지출을 줄일 생각을 해라.

하지만 이 중 재무적으로 봤을 때, 사실인 것은 없다. 좋은 물건을 사고 신나는 경험을 하면서도 부를 쌓을 수 있다. 사실 검소한 삶을 진정으로 사랑하는 사람들이 있다. 모든 쿠폰을 꼼꼼히 모으고, 그 쿠폰들로 줄어든 결재액을 보는 일이 이들에게는 신나는 일이다. 하지만 원치 않는데 꼭 이런 절약의 길을 걸을 필요는 없다. 수입과 지출 간의 차이, 즉 수입이 더 많다면 전혀 걱정할 것이 없다. 다른 말을 하는 사람이 있다면, 그건 그 사람이 추구하는 가치를 당신에게 투사하고 있을 뿐이다. 그렇게 하도록 두지 마라.

나는 검소한 삶을 살지는 않을 거라고 결심한 그때를 똑똑히 기억한다. 모 은행이 주최하는 파티에 초대받았을 때였다. 멋진 나무들과 골프 코스가 내려다보이는 발코니에서 하바네로 칵테일을 마시며 서 있으니 솔직히 황홀했다.

나는 그 순간 내가 그런 경험들이 가득한 삶을 원한다는 것을 깨달았다. 돈이 많이 드는 그런 경험들 말이다. 멋진 풍경이 가득하고 알싸한 칵테일을 마음껏 마실 수 있는, 내가 꿈꾸는 그런 풍족한 삶을 누리려면 그럴 만한 정도의 수입이 필요하다는 점도 물론 깨달았다.

당신에게 이 이야기가 멋지게 들리면서도 아직 뭔가 미심쩍다면, 이유는 바로 이전에 살펴본 시중에 떠도는 돈 개념들이 당신에게 깊게 뿌리박혀 있기 때문이다. 다음 문장의 빈칸을 채워보라.

만약 부자가 되려면, _____ 해야 한다 / 하면 안 된다.

외식하면 안 된다. 심심하다고 쇼핑을 가면 안 된다. 자동차 리스는 안 된다. 사실 차와 관련된 어떤 지출도 있어서는 안 되고, 만약 있다면 구닥다리 가장 낡은 중고차여야만 한다. 당신이 현실적으로 살 수 있는 유일한 차니까. 이렇게 검소함에 대해 너무 많은 '규칙들'이 있지만, 공통점은 정말 필수품이 아니면 그 어떤 것도 사지 말라는 말이다.

이제 당신은 생각이라는 건 기본적으로 흠이 있는 믿음이라는 걸 안다. 돈은 당신이 원하는 곳에 당신을 데려다주려고 존재한다. 하지만 여전히 이런 작은 목소리가 들려오고 무시하기가 쉽지 않다. '내가 하면 되는데 가사도우미에 돈을 쓰면 안 되는 거잖아.' '점심 도시락 싸는 거 잊지 말자.' '이번 주는 마트 근처에도 가면 안 되고, 꿈만 같을 것 같은 그 휴가도 잊자.'

결국 당신의 돈 개념은 이렇게 굳어진다. '하고 싶은 걸 하면서 살지, 아끼고 참으며 부자가 될지, 둘 중 하나를 선택해야 해.'

당신이 부자가 되는 여정을 오직 길고 긴 인내와 결핍의 과정으로만 바라보면, 분노와 반감이 치솟게 될 수도 있고, 그럼 완벽한 실패는 불 보듯 뻔하다. 하지만 그런 모든 감정은 그저 감정일 뿐이다. 당신이 느끼는 그 감정들을 하나하나 벗겨 들어가 그 안에 있는 돈 개념까지 다다르면, 당신 안에 내재해 있던 '도대체 왜?'라는 질문이 반항하듯 튀어 오를 것이다.

한번 질문해보자. 왜 부를 이루려면 너무 많은 것에 '아니오'라고 해야 하는 걸까? 갖고 싶은 좋은 물건을 가지면서도 활발하게 재산을 모을 수는 없을까?

내가 한 가지 방법을 말해주자면, 바로 소득을 늘리는 거다. 누구나 가능한 일이다. 물론 당신도 좋은 것을 원하고 가지면서도 미래를 위한 부를 축적해나갈 수 있다. 당신은 그 두 목표를 이루기에 충분한 소득을 일으키기만 하면 된다.

절약하지 않으면 실패한다는 양자택일의 사고방식으로 사각지대가 생겨난다. 이 사고방식에 의하면 금욕 수준으로 허리띠를

졸라매지 않는 모든 사람은 과소비 문제가 있다. 하지만 사실 당신은 소비가 아닌 소득에 문제가 있을지도 모른다. 당신의 금융 생활을 통제한다는 의미는 소득과 소비 습관을 전체적인 시각으로 보라는 뜻인데, 아마 당신은 그저 알고 싶지 않을 수도 있다. 뭐가 나올지 모르니 불안하니까. '못 하겠어요'라고 하지만, 사실 '안 할래요'의 의사표시나 마찬가지다. 지극히 정상적인 감정이다. 하지만 바꿀 수도 있는 감정이다.

마음속 깊숙이 당신은 진실을 알고 있다. 당신의 소비 습관으로는 저축할 수 없어 그 습관을 바꿔보고 싶지만, 그러려면 그렇게 지출하던 돈 일부가 당신을 위해 일할 수 있도록 하는 방향으로 용도를 바꿔야 한다. 문제는 당신이 당신의 소비 방식을 '좋아한다'라는 점이다. 줄이고 싶지 않다. 이해한다.

바로 이 지점이 개념 변화가 필요한 순간이다. 당신은 부를 쌓는 일이 검소와 사치 중 하나를 골라야 하는 양자택일의 문제가 아니라는 건 이미 배웠다. 지출과 저축도 마찬가지다. 자산을 모아갈 때 지출이냐 저축이냐를 선택하는 것이 아니라, '어디에' 쓸 건지를 선택해야 한다. '현재의 자신'에게 얼마나 지출할지를 결정하고 '미래의 자신'을 위해 불릴 자산을 얼마나 떼어놓느냐를 결정하는 것이다.

내가 당신이 그리는 꿈 같은 삶을 먼저 마음속에 그려보고, 그런 다음 지출 계획을 세우라고 권하는 이유다. 그런다면 당신의 상상 마트에 쇼핑카트를 끌고 다니며, 그중에서 가장 풍족한 꿈에 있는 목표들만을 골라, 그에 맞는 계획을 수립할 수 있게 된다.

관점을 바꾸기 위한 첫 단계는 지금 당신이 원하는 것과 더불어 '미래의 당신'이 원하는 것에 대한 인식이다. 지금 당신이 하는 모든 것은 이런 두 당신을 위한 일이고, 칼자루도 당신이 쥐고 있다. 일을 그만두기로 했을 때 어떤 형태의 재원이 마련되길 원할지를 스스로 결정해야 한다.

물론 당신이 모든 것을 통제할 수는 없다. 시간이 흐르며 당신 돈의 미래 가치는 점점 더 줄어들게 되기 때문에 최대한 빨리 시작하는 것이 '미래의 당신'에게 큰 호의를 베푸는 일이다. 미루면 미룰수록 더 힘들어지고 손실도 더 커진다. 형편이 좀 나아지면 그때 가서 저금해도 된다고 생각하기 쉽다. 그러나 돈의 가치는 언제나 미래보다 지금이 더 크기 때문에, 결국 지금 저축하지 않으면 돈을 잃고 있는 것과 마찬가지가 된다. 즉, '미래의 당신' 손에 있는 돈을 빼앗은 것과 같다. '미래의 당신'이 누릴 자격이 있는 삶을 선물하는 데 오늘만큼 좋은 시기는 없다.

행동 과제로 넘어가기 전에 마지막으로 하나 더 짚어볼 것이 있다. 바로 생각 없는 지출이다. 당신은 모든 지출이 똑같이 만족스럽지는 않다는 점을 생각해본 적이 있는가? 당신이 돈으로 사고 경험하는 모든 것이 그만한 값어치가 있는가? 나는 자신이 돈을 쓰는 방식에 100퍼센트 만족하는 사람을 단 한 사람도 본 적이 없다. 자신의 소비 습관과 지출 내역을 살펴보고 나면 다들 이런 반응을 보인다. "집 안 인테리어에 그렇게 큰돈을 낭비하려던 것은 아니었어요." "쓰지도 않는 유선 집 전화에 왜 매달 돈을 내고 있었는지 모르겠어요." "내가 한 달에 베이글 빵을 사 먹는 데만 200달러를 쓰고 있었다니 충격이에요."

나의 경우에는 속눈썹이 그랬다. 과거에는 속눈썹 연장을 2주마다 받으러 다닐 정도로 좋아했다. 거울 속 나를 보며, 눈을 깜빡대며 의미 있는 지출이라고 생각했다. 하지만 코로나19 팬데믹이 시작된 후, 급하지 않은 약속을 모두 취소하면서 속눈썹이 더 이상 필요없게 되었다. 여기저기 뛰어다닐 일이 없으니, 가족과 보낼 시간과 나만의 시간도 여유롭게 생겨났다. 베개에 얼굴을 어떻게 대고 자야 할지 고민할 필요도 없었고, 눈 주위를 피해 조심스럽게 세수할 필요도 없었다. 화장도 더 쉬워졌고 빨라졌다. 뭔가 박탈된 느낌도 없었다. 오히려 마음이 편안했다.

살다 보면 우리는 뭔가가 '꼭' 필요하다고 우리 자신을 설득할 때가 있다. 그러나 그 꼭 필요한 것 없이 지내보기 전까지는 정말로 스스로 무엇을 원하는지 깨닫기 힘들다.

● 낡은 개념: "나는 돈 쓰는 걸 좋아해서 절대 부자는 못 될 거야."
● 새로운 개념: "난 돈도 쓰면서 부자도 될 수 있어."

행동 과제
BEHAVIORAL TASK

최고의 기쁨을 주는 뭔가에 돈을 써보자. 결코 후회하지 않을 자신이 있는, 최고로 좋아하는 것에 말이다. 정말 핸드백 하나가 더 필요한가? 휴가를 또 가고 싶은가? 정말 한 달에 세 번이나, 그것도 매번 그 식당에 가서 외식하고 싶은가? 미래의 자신에게 이런 것들이 있었으면 하고 바라는가?

자신에게 질문하는 습관을 들여라. 어떻게 둘 다 가질 수 있지? 그러려면 뭘 해야 할까? 당신이 진정으로 두 가지 모두를 원한다면 그럴 수 있다. 당신은 그저 그런 현실을 만들어낼 수 있는 행동을 취하기만 하면 된다.

CHAPTER 9

돈은 행복만큼 중요하다

—

'돈보다 건강', '돈으로 행복을 살 수는 없다', '돈은 모든 악의 근원이다'라고들 하지만, 아직 당신은 그런 말들이 큰 걸림돌이 되는 사고방식이라는 생각은 안 해봤을 것이다. 사실 둘 중 하나만 선택해야 할 이유도 없고, 돈을 건강과 행복 같은 가치 있는 목표의 적으로 그려내야 할 논리적 근거도 없다. 우리가 속해 있는 문화는 끊임없이 이러한 이분법을 강요하지만, 그런 말들을 밀어제치면 대신 '부'의 말들이 들릴 것이다.

물론 신용카드를 긁지 않고도 기쁨과 행복을 느낄 수 있다. 좋은 기분이 마트 진열대에 놓인 상품은 아니니까. 그렇다고 돈과 행복이 반비례한다는 뜻은 아니다. 살아가는 데는 돈이 든다. 돈으로 생존에 필요한 것을 살 수 있다. 돈으로 많은 문제를 해결할 수 있다. 돈으로 많은 일이 가능해진다. 심지어 상처와 트라우마에서 회복되는 일에도 도움을 받을 수 있다. 돈은 당신을 지탱해주고, 먹여주고, 보호해주고, 당신의 목숨, 사랑하는 사람의 목숨, 반려견의 목숨, 모르는 이의 목숨을 살리는 데 필요한 의료 서비스도 제공해준다. 돈으로 행복을 살 수는 없지만, 도움과 경험 그리고 '시간'을 살 수 있고, 이 모든 것들이 당신의 삶의 질을 높여준다.

한번은 내 아들 리브스가 〈파워레인저〉를 보고 있길래 나도 옆에 같이 앉았다. 레인저 중 한 친구가 뭘 사고 싶은데 비싸서 망설이고 있었다(화면 속에서 그 파워레인저는 "근데 너무 비싸잖아"를 화난 목소리로 연거푸 내뱉었다). 나는 기대 있던 몸을 일으켜 세웠다. 물건은 그 물건에 맞는 비용을 치러야 한다는 중립적 사실 대신, 지출을 불공평과 '그릇됨'과 동일시하고 있었다. 그날의 이야기는 다른 사람들은 아랑곳하지 않고 비싼 회원권을 파는 사악한 체육관 관장을 중심으로 펼쳐졌다. 그 관장은 돈을 좋아하니 '탐욕스럽고' '사악하다'라는 식이었다. 그러자 아까의 그 레인저가 누구도 그 비싼 체육관에 돈을 낼 필요가 없게 하려고 무료 운동 수업을 열었다.

그 레인저가 자기의 뛰어난 능력을 무료로 나눠준 이유는 그 관장 같은 '악마'가 되고 싶지 않아서였다(심지어 그 레인저는 여자아이였다. 여자아이들한테 더 많은 돈을 바라는 것은 탐욕이고 자신들의 시간과 재능에 가치를 부여하면 안 된다는 뉘앙스로 아이들에게 받아들여질 수도 있었다!). 그날 방송된 에피소드의 전체적인 전제는 그 레인저가 원하는 걸 할 만한 충분한 돈이 없었고, 그래서 슬펐다는 내용이다. 그런데 왜 그 레인저는 자기 능력으로 돈을 벌어서 자신도 행복해지고 다른 사람에게 후한 마음도 나눠줌으로써 탐욕스럽지 않은 사람이 되는 길을 택하지 않았을까? 부자는 악하고 빈자는 선량하다는 고리타분한 구도 외에도 얼마든지 다양한 관계를 만들 수 있을 텐데 말이다. 아이들에게 정말 말도 안 되는 교훈을 심어주고 있었다.

이 개념에 내포된 가장 큰 문제는 '돈'과 '행복'을 둘 다 가질 수 없다는 생각이다. 예를 들어 공기와 물이 생존에 필수임은 누구나 아는 사실이다. 하지만 대뜸 누군가 물이 생존에 꼭 필요하지 않은 '명백한' 이유는 생존에는 공기만 있으면 되기 때문이라고 주장하거나, 물은 모든 악의 근원이라고 주장한다면 누가 심각하게 그 주장을 고민하겠는가? 너무 말도 안 되는 주장이어서, 당신은 물과 공기 모두 생존에 필요하다는 점을 당연히 인정하고 그 둘을 서로 이간질하려고도 하지 않는다(엄밀히 말하면 공기가 없을 경우보다 물이 없는 경우에 생존 시간이 더 긴 건 사실이지만, 그래도 물이 없다면 죽는다는 점에는 이견이 없다. 좀 더 천천히 죽을 뿐이다).

또한 이러한 흑백논리는 그것이 무엇이든 정도를 넘어서면 문제가 되는데도, 흔히들 돈만을 특별히 사악한 것으로 포장한다. 돈, 섹스, 술, 약물, 설탕, 운동 그 어떤 것이든 과하면 당신을 죽일 수 있다. 이는 삶의 모든 것에 해당하며, 모든 것에는 균형이 필요하기 때문이다. 돈은 도구로서 지혜롭게 이용하면 필수 생존 요소로 핵심 자원이 되며, 나아가 타인에게 베풀며 살려면 꼭 필요한 것이기도 하다.

우리가 돈이나 돈으로 이룰 수 있는 것을 깎아내리는 만큼 우리 자신을 위한 행복의 공간은 좁아진다. 당신의 삶에 꼭 필요한 이 자원을 얻을 기회에 눈을 감는 셈이다. 우리 삶을 잘 돌보려면, 그런 삶을 가능하게 해주는 것들 또한 잘 돌봐야 한다. 돈에 대한 부정적 표현들이 담고 있는 의미와 달리, 돈과 행복은 사실 긴밀한 사이다. 사람들의 마음속에 '돈은 악당'이라는 개념이 무겁게 똬리를 틀고 있다면, 균형 잡힌 사고와 가능성에 대한 믿음이 들어앉을 자리는 없다. 당신에게 자기만의 강한 도덕률이 있다면, 당신의 돈은 그 도덕률을 실현할 수 있는 든든한 친구가 되어, 당신이 신조 있게 행동할 수 있는 사람이 되도록 도울 뿐만 아니라 타인도 도울 수 있다. 그 여자아이 파워레인저에게도 돈도 벌고 타인도 돕는 방법이 얼마든지 있었을 것이다. 그처럼 당신도 돈과 행복의 이분법적 사고로부터 한 발짝 나아가, 돈이 당신의 가장 의미 있는 행복을 위해 일하게 할 방법을 찾아볼 수 있다.

이제 돈에 대한 부정적 사고를 키우는, 우리 문화에 깊게 뿌리박힌 다른 논리들도 뽑아버리자. 돈을 부도덕한 것으로 낙인찍기를 그만두면 돈을 그 자체, 즉 중요한 도구로 볼 수 있게 된다. 매번 싸움 상대로 보는 대신, 돈을 유연하게 굴릴 생각을 하자.

- 낡은 개념: "돈은 중요하지 않아. 돈으로 행복을 살 수는 없어."
- 새로운 개념: "돈은 중요해, 특히 돈이 충분하지 않다면 더욱 중요해. 그래서 돈을 꼭 이해해야 해."

행동 과제
BEHAVIORAL TASK

당신의 삶을 약간 가볍고 밝게 만들어주는 세 가지 소망을 적어보자(예를 들면 '자유시간이 더 많았으면', '피부가 좋아졌으면', '걱정할 일이 좀 줄었으면' 등). 당신의 세 가지 소망은 각각 어떤 식으로 돈이 필요할지를 생각해보자. 또한 돈이 있다면 그 세 가지 소망을 스트레스를 덜 받으면서 좀 더 빨리 달성할 수 있는지도 깊이 생각해보자.

CHAPTER 10

현재 가진 돈의 크기는
문제되지 않는다

—

"저는 가능할 거라는 확신이 안 들어요. 어린 시절 가난한 가정에서 자란 탓에 금융 교육을 제대로 받아본 적이 없어요. 제 분야에서 박사 학위도 취득했고 성공적인 삶을 살고 있지만, 경제적 독립을 절대 달성하지 못할지도 모른다는 걱정을 하곤 합니다."

자산관리 교육 중 한 수강생이 한 말이었다. 나는 완전히 공감했다. 법대 시절, 대대로 부유한 집안에서 태어나 사회·경제적 특권을 누리는 이들을 수시로 접하며 나도 힘들었던 경험이 있기 때문이다. 어떤 동기들은 섬을 갖고 있었고, 비행기는 늘 일등석을 이용하고 금전적인 문제를 한 번도 겪어본 적이 없는 친구들도 있었다. 그들을 보면서 왜 내 인생만 이렇게 고된 것인지 묻고 또 묻곤 했다.

그들의 인생은 그들의 인생이고 난 내 인생이 있다는 진실을 인정하는 데 오랜 시간이 걸렸다. 결코 가질 수 없는 뭔가를 바라며 시간을 낭비할 이유가 없었다. 내 삶을 내 동기들의 삶처럼 보이게 할 마법도 없었다. 타인이 가진 것에 집중한다고 내가 원하는 삶에 더 가까워지는 것도 아니었다.

하지만 또 한편으로는 내가 바닥에서부터 이 정도까지 올라왔다면 내게도 많은 강점이 있다는 것도 알았다. 무슨 이유로든 나처럼 기회를 얻지 못해서, 내가 내 동기들을 바라보듯 나를 바라보는 수많은 사람이 있었다.

지금 내가 당신에게 해줄 말은, 당신보다 나은 사람이 있다면 당신보다 못한 사람도 있다는 것이다. 노력이 부족해서 지금의 당신보다 더 나은 사람이 되지 못했다는 자책이든, 부러움, 좌절감, 분노, 불공평하다는 기분이든, 전혀 생산적이지 못하다. 어느 쪽도 당신에게 도움이 되지 않고, 자아실현과도 거리가 멀다.

내 경우는 내가 품은 이상에 집중해온 것이 큰 도움이 됐다. 사회의 전반적 체계를 내가 어쩔 수는 없다. 어린 시절 부모님으로부터 다양한 가르침을 받지 못한 것을 이제 와 어찌할 수는 없다. 과거를 바꿔 다른 선택을 할 수도 없다. 내가 할 수 있는 것은 오직 '지금 당장 내 삶을 어떻게 살아갈 것인가'를 고민하는 일이다. 내 결정은 내가 통제할 수 있다. 어디에 정력을 쏟을지도 내가 결정한다. 내가 집중해야 할 것은 나의 과거에서 괴로움을 찾는 것이 아니라, 장차 나의 미래에서 삶을 구하는 것이다.

이런 질문들에 집중해야 당신이 원하는 돈과의 관계가 구체적으로 보이기 시작한다. 가난하게 자랐고, 경제적 어려움을 겪었고, 당장 하루 벌어 하루 먹고산다고 해서 성공할 수 없는 건 아니다. 당신은 당연히 할 수 있고, 그럴 수 있다는 것을 스스로가 믿어야 한다.

당신의 현 위치에 집중하라. 당신의 이상과 목표와 일치하는 삶을 만들어내려면 무슨 일을 해야 할지를 생각하라. 경제적 풍요로움을 이루기 위해 할 수 있는 '이제부터라도 올바른 일'이 무엇일지 생각하라. 그게 지금 10달러를 저축하는 거라면 거기서부터 시작하라. 5달러라도 상관없다. 매일, 매주, 매달 발전해가는 자신에게 집중하라.

당신이 최고의 삶을 일구기 위해 매 순간 땀 흘려 노력하고 있다면, 당신은 변화가 시작되는 걸 목격하게 될 것이다. 당신의 가치와 목표가 명확하면 앞으로 만나게 될 불가피한 장애물들을 더 적극적으로 헤쳐나갈 수 있다. 이제 당신은 스스로 결심이 섰다는 걸 알고 있으니, 딱 한 가지 잊지 말 것은 당신이 갈 길과 다른 누군가의 길은 다르다는 점이다. 다르다고 전혀 문제가 되지도 않는다. 모든 건 당신에게 달렸다.

이런 사고를 하려면 최대한 탄탄하고 구체적으로 당신이 무엇을 원하는지를 알고 있어야 한다. 자, 당신은 뭘 원하고 그 목표를 달성하려면 어떤 구체적인 방법이 있는가? 이에 대한 깊이 있는 연습은 4부에서 하게 될 테니, 일단은 당신의 출발선과 종착역에 집중해보자.

마지막으로 당신은 이미 첫발은 떼었다는 것을 기억하라. 지금 이 책을 읽으며 스스로 학습하고 돈 운용 능력을 키워가며 당신의 시간을 의도를 가지고 쓰고 있지 않은가. 이는 당신이 당신의 인생, 욕구, 야망을 진지하게 생각하고 있다고 자신에게 보여주는 시작점이다.

- **낡은 개념:** "난 저축할 형편이 안 돼서 미래를 준비할 수 없어. 현재 수입으로 하루하루 겨우 살아가고 있는걸. 정말 저축할 게 하나도 남지 않는다니까."
- **새로운 개념:** "난 무슨 일이 있어도 미래를 위해 저축해. 아무리 힘들어도. 한 달 저축액이 10달러일지라도 상관없어. 지금은 10달러겠지. 그러다 보면 20달러가 될 거야. 그렇게 100달러도 넘어갈 거야. 나에게 저축은 무슨 일이 있어도 꼭 해야 할 일이야."

행동 과제
BEHAVIORAL TASK

아무리 적은 금액이라도 정해서, 매달 일정한 날짜에 맞춰 무슨 일이 있어도 저축하라. 1달러도 괜찮고, 1센트라도 상관없다. 저축을 시작하는 데 있어서 돈의 액수는 전혀 문제가 되지 않는다. 저축하는 습관을 기르는 것이 핵심이다. 그러면서 어떻게 차츰 액수를 늘려갈지를 고민하기 시작하라. 하지만 급하게 늘려가려고 하지 않아도 된다. 단지 자신에게 이렇게 질문하라. 내년에 어느 정도 저축액을 늘리려면 어떻게 해야 할까?

CHAPTER 11

돈 모으기에
너무 늦은 나이란 없다

—

나는 이 장을 쓰던 시점에 한 콘퍼런스에 참석해 다른 자산 전문가들과 질의응답 패널로 앉아 있었다. 한 분이 자산관리 기업을 운영하면서나 자산 전문가로 활동하며 우리 사고방식에 어떤 걸림돌이 있냐고 물었다. 그 외 대개의 관심사는 어떤 결과를 자산 전문가로서 보장할 수 있겠느냐와 어떻게 서비스를 포장할까였다. 이윽고 내 차례가 되었다. 나는 내가 힘든 점은 장년층 고객을 돕는 일이라고 답했다. 정말로 특히 내가 힘들어하는 고객층이다.

나는 돈으로 성공과 실패를 모두 경험해보았다. 투자의 안팎을

101

모두 경험해오며, 차도 여러 대 사봤고, 부동산도 사봤고, 꿈에
그리던 집을 짓기도 했다. 힘든 시기도 있었고 풍족했던 시기도
있었다. 외벌이도 해봤고 맞벌이로도 살아봤다. 하지만 아직 장
년층이 되어보지는 못했다. 그래서 나이가 든다는 것이 어떤 감
정인지는 정확히 모른다. 내가 아는 건 1년마다 내 목표에 남들
보다 더 빠르게 다가가고 있다는 것이다.

　하지만 당신이 흔히들 말하는 '은퇴 연령'에 가까워지고 있다
고 해도, 절대 늦지 않았다고 일깨워주고 싶다. '너무 늦었다'라
는 개념이 심지어 존재한다고 생각하지도 않는다. 풍족해지려고
마음먹었다면 그것이 언제든 풍족해지기 위한 계획을 세우고 시
작할 수 있다. '너무 늦었다'는 부를 축적하지 않을 합당한 이유
조차 되지 못한다. 당신이 화폐의 시간가치를 활용할 시간이 적
을 수도 있고, 줄어든 수익성을 회복할 시간이 부족할 수도 있지
만, 늘 방법은 있다. 나이에 상관없이 더 나은 결과를 끌어낼 결
정은 언제나 존재한다. 지출을 더 계획적으로 할 수도 있다. 시간
을 들여 우선순위와 가치를 명확히 해볼 수도 있다. 평생 꿈꾸던
목표를 향해 달려갈 수도 있다. 당신은 언제고 나름의 최선의 삶
을 위한 첫발을 뗄 수 있다. 그것이 언제든지.

　당신 자신에게 너무 늦었다고 말하는 순간 당신의 사고와 행
동도 그 말에 전염돼, 스스로 가능성을 모색해보기도 전에 가능
성이 닫혀버린다. 금전적 어려움에 체념해버리면, 당신의 뇌는

당신이 실제 할 수 있는 일에 눈을 감아버린다. 절대로 자신이 원하지 않을 바로 그 궤적에 스스로를 가두는 것이다. 기억해라. 천리 길도 한 걸음부터다.

또한 당신이 너무 늦었다고 말하고 있다는 것은 당신 스스로 찝찝한 무언가를 마음에 두고 있다고 뜻이다. 그 절망감 뒤에 숨겨진, '이제 내 나이에 해외 여행은 가볼 수 없겠지' 혹은 '내 자녀에게 뭔가를 남기기에는 너무 늦었어'라는 문장 속에는 다른 반쪽의 마음이 숨어 있다. 당신 스스로도 자신이 원하는 뭔가가 있다는 걸 알면서도 그 작은 목소리에 '쉿!' 하는 것이다. 대신 당신이 무엇을 할 수 있고, 어떤 선택을 할 수 있을지를 자신에게 물어보면 어떨까? 그 질문에 답을 해보려는 시도를 통해서부터 당신은 무력함에서 벗어나 주도권을 쥘 수 있다. 그 변화의 시작은 당신에게 '정말로' 방법이 있음을 깨닫는 것이다. 변수가 있을 수도 있지만, 가능성과 기회에 집중할 수 있다.

예를 들어 일반적인 은퇴 연령을 넘어서까지 일을 한다고 생각해보자. 업계를 바꿔본다거나 일하는 시간을 바꿔보면 당신의 삶은 어떻게 바뀔까? 연구해보면 모든 것이 가능할 수도 있다. 자신에게 자문하기 시작하라. 시간 여유를 좀 더 가지면서도 일은 계속하고 싶은가? 어떻게 하면 일을 계속하면서 돈은 더 벌 수 있을까? 아니면 정말 즐길 수 있는 새로운 분야를 찾아보는 건 어떨까? 그러면서 돈도 더 벌 수 있는 방법은 없을까? 가능성을 열어두면 방법이 보인다.

아니면 당신의 은퇴 후 삶을 다시 상상해봐도 좋다. 어쨌든 한 직업에서 은퇴했다고 꼭 단숨에 노동인구에서 영원히 제외되는 것도 아니지 않는가. 풍요로운 인생을 추구한다면 이번이 바로 기회가 될 수 있다. 항상 하고 싶었지만 기회가 마땅히 없어 못 하던 일을 할 기회다. 당신에게 그 일은 자식을 키우느라 용기를 낼 수 없던 일, 혹은 말단부터 시작해야 할 것 같아 주저했던 일, 시간제나 급여가 낮아 꺼렸던 일일 수도 있다.

제대로 된 돈 관리도 이제부터라도 시작할 수 있다. 재정적 우선순위 결정하기, 자신에게 기쁨과 의미를 주는 것들에 대해 깊이 고민하기, 가치관에 맞도록 지출을 조절하기와 같은 능력들은 나이에 상관없이 꾸준히 다듬어나가야 한다. 사실 당신의 우선순위와 여건이 바뀔 때마다 그런 능력들을 연마해가야 한다. 예산을 축소해 지출을 줄이는 일에 흡족해할 수도 있고, 소유하고 있는 어떤 것과도 헤어지고 싶지 않을 수도 있지만, 지난 세월 동안 사들인 것들을 다시 살펴보며 신선한 전율을 느낄 수도 있다.

또 다른 사실은 돈을 관리하는 당신의 능력이 향상되면 될수록, 장년층을 대상으로 한 금융 사기 등에 말려들 가능성이 줄어든다는 것이다. 안타깝게도 보이스피싱 같은 금융 사기의 주 타깃은 나이 많은 사람들인 경우가 많다. 그러나 돈이 어떻게 작동하는지 배우고, 관리 능력을 키우기 위해 노력하면 이러한 금융 사기의 타깃에서 벗어날 가능성이 커진다. 여기에는 '일생에 한 번뿐인 투자 기회'라며 엄청난 수익을 보장한다는 의심스러운 투자 사기로부터 자신을 지키는 일도 포함된다.

부를 축적하려면 늘 전체적인 시각을 갖추고 있어야 하며, 부 축적을 가치에 기반을 둔 의사결정의 일종으로 생각하면 어떻게 기초를 쌓아야 할지가 더 명확하게 보일 것이다. 당신에게 가장 중요한 것이 무엇인지 알아보고 난 후, 당신의 돈이 당신의 그 가치를 실현할 수 있도록 만들어라. 당신의 현재 자산이나 앞으로의 기대 수입, 현재 위치는 중요하지 않다.

- **낡은 개념**: "내 나이가 몇인데, 이제 나는 희망이 없어. 돈을 모으려면 30년 전에 준비했어야 했지."
- **새로운 개념**: "절대로 늦은 건 없어. 좀 더 일찍 시작했더라면 좋았겠지만, 상관없어. 언제든 반전은 가능해."

행동 과제
BEHAVIORAL TASK

바로 지금, 이 순간을 새로운 시작이라고 생각하라. 과거는 과거로 흘려 보내고, 이제 미래를 바라보라. 당신의 현재 위치와 당신이 바라는 미래의 모습을 고려했을 때, 남은 인생의 방향을 바꾸려면 어떤 행동을 취해야 하는가?

당신만의 승리 목록을 만들어라. 스스로 대견해하는 성취들, 그간 습득한 능력들, 감사함을 느끼는 기억들과 순간들 같은 승리의 감정을 북돋우는 모든 것들을 적어보라. 과거의 그런 순간들과 그렇게 그 시간을 보내 어떻게 승리의 결과를 끌어냈는지를 되돌아보라. 그리고 그렇게 쌓아온 능력들과 경험들이 어떻게 당신에게 이롭게 작용할지를 고민해보라.

CHAPTER 12

수입이 적다고
미래의 크기를 줄일 필요는 없다

—

아마 여기까지 읽어오며, 당신 수입으로는 내가 하는 말들이 다 부질없다고 생각하며 따라왔을 수도 있다. 그렇다면 많지 않은 수입으로도 부를 축적할 수 있다고 장담부터 해주고 싶다. 이전 장에서 당신이 추구하는 풍족한 삶의 모습을 구체적으로 그려봤을 것이다. 나는 자산관리를 교육하며 다양한 사람들의 꿈을 들어보았다. 여러 국가에 여러 채의 집을 갖고 싶다는 사람도 있었고, 자급자족하며 살 수 있는 작은 농가를 꿈꾸는 사람도 있었다. 그들의 직업도 다양했다. 의사도 있었고, 교사도 있었고, 은행원과 트럭 운전사도 있었다. 하지만 이들이 가진 공통점은 자신만의 풍족한 삶을 향해 달려가고 있고, 그 꿈을 이루는 데 자신들의 돈을 이용하고 있다는 점이다. 그런 기회는 소득 수준과 상관없이 당신에게도 열려 있다.

그러니 이제 자신에게 새로운 질문을 해봐야 한다. '지금 당신이 종사하고 있는 직업이 정말 하고 싶은 일인가?' 직업은 어디까지나 자신이 선택할 수 있는 문제에 해당한다. 얼마를 버는지, 어느 회사에 다니는지, 직업이 무엇인지 등 어느 하나도 고정된 것은 없다. 당신은 언제든 다른 길을 걷겠노라고 결심할 수 있다.

지금 급여로는 당신이 목표를 이루고 부를 축적하기에 다소 부족할 수도 있다. 하지만 지금 당신의 조건이 절대 변하지 않을 영원한 조건인 것은 아니다. 어떻게 당신 인생에 돈을 불러들일지를 당신 스스로 결정할 수 있다는 걸 인식해야 한다. 성취감과 경제적 풍요 모두를 누릴 방법을 찾는 시작은 거기서부터다.

생각 스위치를 전환할 첫 단계는 당신의 현재 수입이 변화 가능성이 큰 항목 중의 하나임을 깨닫는 것이다. 지금 하는 일에서 받는 급여가 부족하다면, 어떤 일이 당신이 원하는 만큼 벌 수 있으면서도 즐길 수 있는 일일지 자문해보기 시작해라. 어떤 방법이 있을까?

당연히 다른 방법은 언제나 존재한다. 완전히 다른 직업이 될 수도 있고, 높은 직급으로 승진하는 것도 방법일 수 있다. 동종 업계의 다른 회사로 이직할 수도 있고, 현 직장 내에서 다른 직군으로 이동하는 방법도 있을 수 있다. 완전히 다른 일을 하려면 다른 능력이 필요할 수도 있고, 심지어 급여가 더 높고 생활비가 낮은 도시로 이사를 갈 수도 있다. 다시 말하지만, 핵심은 고정관념에 휩쓸려 당신이 승승장구할 수 있는 다른 선택을 고려해볼 여지도 없이, 지레 겁을 먹고 모든 가능성을 스스로 차단해버리지 말아야 한다는 점이다.

이해는 간다. 변화는 무서우니 익숙한 상황에 머물고 싶을 수 있다. 하지만 상황이 바뀌길 정말 원한다면, 당신에게는 그럴 만한 충분한 능력, 즉 급여와 업무 만족도가 더 높은 일을 찾을 수 있는 능력이 있다는 걸 깨달아야 한다. 다들 왜 하던 일을 그냥 하고 사는지에 대한 '합리적인 이유'가 무엇인지를 살펴보면 도움이 될 수 있다. 이렇게들 말할 것이다. 지금 이대로가 편하니까. 변화를 위해 새로운 직업을 시도해보거나 다 싸 들고 다른 도시로 이사하는 일은 여간 귀찮은 일이 아니니까. 노조가 있는 직장에 다니기 때문에 기다리기만 하면 임금 인상을 얻어낼 수 있으니까. 혹은 하던 일이어서 익숙하고, 동료들과도 친하고, 그래서 삶이 너무 편하니까.

모두 이유는 합당하다. 사실 나 자신도 아주 중요한 결정을 해야 할 때면 가끔 그런 여러 가지 이유를 들먹인다. 딸이 고등학교를 졸업하기 전까지는 절대 이사 다니지 않기로 남편과 약속했을 때도 마찬가지였다. 당시 나는 우리가 살던 동네가 마음에 들지 않았지만, 딸아이에게 중요한 청소년기의 10년 동안 혼란스러운 환경을 만들지 않는 일이 그 무엇보다 중요했다.

결정하는 이유는 당신만의 이유여야 한다. 중요한 건 선택을 하고 있다는 것을 스스로 인식하는 것이다. 살아가면서 자신에게 결정권이 없다고 느껴지면, 어느 순간 화가 나고 패배감이 쌓일 수 있다. 불행히도 자신의 열정을 좇는 예술 계통에서 일하는 사람들은 물론이고, 공공 분야나 비영리단체, 시민단체 등 공익 계통에서 일하는 많은 사람에게서 이런 폐쇄적인 생각과 그로 인한 탈진, 즉 번아웃이 나타난다. 일을 시작할 당시 어떤 험난한 여정이 기다릴지를 알면서도 뛰어들었던 이들에게는 자신들이 하는 일에 큰 의미를 부여하는 것이 일종의 보상심리가 되기도 한다.그러나 이 사회를 위해 아무리 의미 있는 일을 한다고 해도, 돈이 부족하면 마음도 어려워지기 마련이다.

나도 군대와 법조계에서 공익 업무를 어느 정도 해와서 그런 일들이 어떤 수준의 희생을 요구하는지 잘 알고 있다. 하지만 스스로에게 이 질문을 던져보라. 사회와 많은 사람들을 위해 의미 있는 일을 하고 있다는 사실이 저임금으로 나날이 당신 안에 쌓여가는 불만을 무마할 정도인가? 당신이 하는 일이 세상을 더 나은 곳으로 만든다는 가치관을 유지하면서도 당신의 재무 목표를 달성하려면 어떻게 해야 할까? 나는 그 변화를 이뤄낸 수많은 이들을 목격해왔다. 당신도 시작하고 싶다면 '둘 중 하나'라는 양자택일의 사고방식에서 탈피하면 된다.

당신이 교사라고 해보자. 교직에 뛰어든 이유는 교육에 대한 큰 뜻을 품었기 때문이다. 하지만 일을 진심으로 사랑하는데도 빠르게 힘이 빠져버리는 자신을 보며 모순을 느낀다. 큰 희생을 요구하지만 그에 대한 보수는 적은 일이다. 원하는 삶을 살고 있지 않고 몸이 열 개라도 부족하니 미래 준비는 꿈도 꿀 수 없다. 처음 교사가 되었을 때는 일상이 어떨 거라는 걸 몰랐고, 그 정도 수입으로 산다는 게 어떨지도 감이 없었고, 이제 해가 갈수록 점점 더 지쳐간다. 혹은 과거에는 그 일이 당신이 원하던 삶과 잘 맞았지만, 이젠 목표가 바뀌어 집을 사거나 결혼해 가족을 꾸리는 일 같은 다른 가치가 생겼을 수도 있다.

당신은 당신의 직업이 더 높은 급여를 받을 '자격이 된다'고 굳게 믿고 있지만, 그저 사회가 언젠가는 바뀌기를 희망하며 기다리는 것 외에는 딱히 방법이 없다. 또 한편으로는 가르치는 일을 그만둔다는 생각이 당신이 교육에 품은 가치관에 위반된다고 느낀다.

그럴 때 잠깐 자신에게 이렇게 질문해보라. '내 가치관을 실현하면서, 동시에 내가 원하는 삶도 살고, 미래를 위해 부도 쌓아갈 순 없을까?'

교사나 공익 계통의 직업을 가졌을 경우, '합당한' 급여를 달라고 요구하는 일은 분명 어려울 것이다. 목적 달성을 타인에게 의지하고 있기 때문이다. 사회와 시장, 법률이 혹시라도 바뀔까 하고 기다리는 꼴이다. 그러는 사이 당신의 인생은 흘러간다. 당신도 동료 교사들도 학생들도 모두 지는 싸움을 하는 것이다.

방법은 당신이 여전히 즐길 수 있는, 더 나은 급여를 주는 일을 찾는 것이다. 떠날 의지가 있고, 또 그럴 수 있는 사람들이 실제로 관두게 되면 해당 분야에 인력이 부족해져서 사용자들은 새로운 근로자 모집을 위해 급여를 올릴 수밖에 없게 된다.

게다가 더 나은 소득을 위해 이직을 하면 더 많은 당신의 시간, 에너지, 그리고 (물론) 돈이 실질적 변화를 일으키는 데 쓰일 수 있다. 아마 당신이 교육위원회나 지방정부에서 일하며 교사를 위한 더 나은 급여와 복지를 향상시키는 활동을 하고 싶어 할 수도 있다. 그러려면 출근하고 연구하고 행동을 취할 수 있는 시간을 당신에게 허락할 직업과 소득이 필요하다. 아니면 당신은 주 정부와 연방정부 사무실에 적임자가 선출되도록 해, 좀 더 획기적인 변화를 원할 수도 있다.

당연하다는 듯 둘 중 하나를 고르려고 하는 대신, '만약'이라는 질문을 고민하면 방법이 보일 수 있다. 현재의 최고의 삶은 물론 꿈꾸던 미래의 삶을 이룰 수 있을 뿐만 아니라, 당신이 당장 미칠 수 있는 영향력을 훨씬 넘어서는 가치 있는 커다란 변화를 이루어낼 수 있다. 당신이 변화를 가져올 수 있는 여러 방법이 있지만, 우선 당신에게는 자기 결정권이 있고, 여러 가지 선택도 있고, 새로운 결정을 내려도 여전히 당신의 가치에 부합된다는 사실을 기억하라.

모든 걸 다할 수 있는 사람은 없다. 모든 결정에는 득과 실이 있고, 적절한 균형을 찾는 일은 당신에게 달렸다. 풍족함과 성취감은 불가능하다는 억측에서 '가능'하다는 믿음으로 사고를 전환하는 것만으로도 새로운 선택을 하는 것이다. 물론 그러한 생각 스위치의 전환이 쉬운 일이라고 말하는 것은 아니다. 성장하려면 노력이 필요하지만, 일단 당신의 시작은 사고의 유연성부터 늘리는 일이다.

긍정적 사고만을 얘기하고 있는 것이 아니다. 당신이 의지할 수 있는 확실한 재무 원칙들이 존재한다.

첫 번째, 적은 급여 자체가 부 축적의 장벽이 되지는 않는다. 이미 살펴본 대로, 적은 금액이라도 일찍부터 현명하게 투자한다면 시간 속에서 엄청난 부로 불려갈 수 있다. 소득은 높지 않지만, 장기 투자로 수백만 달러를 키울 수 있는 계획을 세운 수많은 사람이 있다. 일하고 있지 않다면, 화폐의 시간가치가 갖는 막강한 힘을 놓치지 말고, 그 힘을 당신의 선택에 힘을 실어줄 엔진으로 이용해야 한다. 30년에 걸친 작고 꾸준한 투자가 한 5년 정도에 한두 번 일어나는 횡재보다 성장 잠재력이 더 크다. 선택지를 봤더니 현재 급여를 받으며 현상을 유지하는 쪽을 선택했다 해도 부 축적은 가능하다. 목표 실현을 위한 현명한 계획만 잘 수립하면 되기 때문이다(이에 대한 핵심 사항은 이후에 살펴보겠다).

두 번째, 사고방식을 틀에 가두면 돈을 벌 유일한 수단이 직장 밖에 없다고 생각하게 된다. 하지만 당신이 가진 수익 잠재력은 무한하다. 항상 더 벌 방법을 찾을 수 있다. 당신은 여름방학이면 늘 여행을 다니고 싶었는데 공립학교 교사 급여로는 비행기표도 살 수 없다면 이리저리 머리를 굴려볼 때가 됐다. 부업이나 투자 기회를 잡아 소득을 보충하는 일도 고려해볼 수 있다. 즉, 새롭고 추가적인 해법을 개방적인 태도로 바라보라는 말이다.

- **낡은 개념:** "내 직업은 급여가 낮아 절대 난 부자가 될 수 없어."
- **새로운 개념 1:** "연봉 수준이 그냥 그런데도 꾸준히 자산을 시간에 투자하는 수많은 이들이 있다. 나도 장차 10년, 아니면 40년 동안 100만 달러를 (그리고 더 이상을) 모을 똑똑한 계획을 세울 수 있어."
- **새로운 개념 2:** "내 수익 잠재력에 한계는 없다. 월급 말고 추가로 돈을 벌 방법을 찾을 수 있고, 내가 원하는 삶을 사는 데 내 직장이 도움이 안 된다면, 다른 대안을 궁리해볼 수 있어."

행동 과제
BEHAVIORAL TASK

당신의 현 직업이 지금이나 장기적으로나 여전히 당신에게 최선일지 생각해보라. 우선, 지금 직업이 장기적으로 당신 소득을 키워나갈 어떤 기회들을 제공하는지 자세히 따져보라. 그 정도 성장률이라면 당신이 바라는 이상적 삶을 사는 데 충분한가? 그런 다음, 일 자체를 생각해보라. 평생 하고 싶은 일인가? 벌써 일에서 껄끄러움을 느끼고 있다면, 다른 대안들과 새로운 길을 찾아봐도 좋을 때다.

CHAPTER 13

숫자에 약해도
돈 관리는 문제없다

—

"저는 숫자랑은 거리가 멀어요"라고 하는 이에게 나는 늘 이렇게 답한다. "당연하죠. 배워본 적이 없으니까요." 정식으로 한 번도 배워본 적이 없는 뭔가에 타고난 재능을 보이는 사람은 극히 드물다. 오래전에 당신은 걷지도 못했다. 읽기도 마찬가지. 펜으로 당신 이름도 못 썼다. 그런 능력을 배우는 데 얼마나 걸렸을지 생각해보면, 최소 몇 년은 걸렸다. 그렇다고 당신이 대가가 된 것도 아니다. 살아가는 데 필요한 수준 정도만 익혔을 뿐이다. 걷기 연습을 하는 데 올림픽 단거리 선수가 될 정도로 훈련할 필요는 없다. 이름을 쓰려고 꼭 달필가가 되어야 하는 것도 아니다. 하지만 오래 연습한 덕분에 마치 본능적으로 알고 있는 제2의 천성 수준에 이르렀다. 생각할 필요도 없다. 그냥 하는 것이다.

당신의 돈을 관리하는 것도 마찬가지다. 배워 익혀야 할 기술이다. 익힐 수 없을 거라는 걱정이 들면, 시간을 좀 더 잡으면 되고 기준을 좀 낮추면 된다. 그러니 수학을 딱히 안 좋아해도 문제될 일은 없다. 걸림돌이 아니다. 효과적인 자산관리 자격 요건에 삼각법 전문가도 없고, 구구단을 외울 필요조차 없다. 자산관리에서 숫자의 의미는 산수보다는 자산관리에 작동하는 개념과 원칙을 이해하는 것에 가깝다. 퍼센트, 소수, 분수, 음수를 이해하고 있다면 앞으로 다룰 내용을 이해할 수 있는 탄탄한 기초가 있는 셈이다. 자동차를 소유하는 것과 자동차 정비사가 되는 것의 차이라고 생각하면 된다. 자동차를 살 생각이라면, 도로 법규에 대해 학습하고, 운전 실력을 쌓고, 면허를 따고, 기본적인 차 수리 능력을 갖춰야 한다. 하지만 당신에게 내연기관의 작동 원리를 설명해달라거나 브레이크 패드쯤은 혼자도 갈 수 있어야 한다고 우길 사람은 없다.

돈과 숫자에 대한 이 개념은 개인적 문제로, 개인의 경험에 근거한 경우가 많다. 자꾸 숫자가 서툴다는 생각이 들면, 그 생각을 꺾을 능동적 조처를 하지 않는 한 계속 당신을 괴롭힐 것이다.

시작은 인식하는 것이다. 언제 어디서 그런 생각이 드는가? 그런 생각을 맨 처음 하게 된 때를 기억하는가? 누가 당신이 그렇다고 했는가? 선생님? 부모님 중 한 분? 그때가 언제였는지 알아봐라. 다음으로는 언제 그런 생각이 드는지 생각해봐라. 어떤 상황에 놓였을 때 '난 숫자랑 안 맞아'라는 생각이나 기분이 드는가? 특별한 유형이 존재하는가?

난 나의 그때를 기억한다. 우리 가족은 남아프리카공화국 출신이고, 엄마는 학교 다닐 때 구구단을 무려 15단까지 외워야 했다. 그래서 엄마는 어른이 된 후에도 15 곱하기 14, 144 나누기 12와 같은 문제를 내도 생각할 필요도 없이 답을 내셨다. 하지만 나는 12단까지만 배웠다. 하지만 반복을 통해 그런 식으로 배웠던 엄마는 나도 자신만큼 배우길 바랐다. 하지만 나의 뇌는 달랐다. 절대로 외워지지 않았다. 10단까지 가는 데도 머리가 지끈지끈 아팠다. 단순 암기지만 나에겐 힘든 일이었다. 사실 나는 암산을 아직도 못 한다. 난 아직도 9단은 손가락을 쓴다.

언제부터 이런 생각을 하게 되었고 언제 그 생각이 드는지를 알아내면 적극적으로 해결해나갈 수 있다. 우선 그 생각이 피어날 때 대응책을 마련해놓아라. 한 가지 방법은 수학을 써서 혜택을 본 때를 기억해내 보는 것이다. 매일 수학을 무심코 어떻게 사용하고 있는지도 생각해보면 좋다.

사례를 찾기 힘들다면 다음 몇 가지 일반적인 예를 참조해라. 당신은 당신의 키와 몸무게가 얼마인지, 열여덟 살 이후 체중이 어떻게 변했는지 알고 있다. 자녀가 있다면 그 아이들이 성장하는 걸 봐왔을 테고 백분위에서 어느 정도에 해당하는지를 알 것이다. 아이들이 중학교나 고등학교에 가려면 앞으로 몇 년이 남았는지도 알 것이다. 당신이 대학을 나왔다면, 졸업에 필요한 학점 수를 잘 관리해봤을 것이다. 운전해 가는 데 15분이 걸리는 곳에서 10시 30분에 약속이 잡혀 있다면 10시 15분에는 집을 나서야 하는 것도 알고 있다. 영상 10도라면 재킷을 챙겨가야 할 테지만, 24도라면 필요 없다는 것도 알고 있다. 당신은 '1+1' 상품은 개당 50퍼센트 할인이라는 것도 알고 있다. 요리 중인데 1컵분 계량컵이 없다면, 1/2컵으로 두 번 뜨거나, 1/4컵으로 4번 뜨면 같은 양이라는 것도 안다.

개인차는 있겠지만 누구든 좋은 예를 떠올릴 수 있다. 당신은 능력이 있고 유능할 뿐만 아니라, 숫자를 능숙하게 사용할 수도 있고 또 사용한다는 사실을 입증할 많은 증거도 가지고 있다. 당신의 재무관리에도 수에 대한 딱 그 정도의 이해가 요구된다. 500달러로 장을 보면 뭘 살 수 있을지, 혹은 그 정도까지 지출할 필요가 있을지를 아는 것, 연봉이 높은 새 직장으로 이직하는 것과 그러면 길어질 출퇴근 시간 간의 저울질, 특정 리스크를 감안했을 때 6퍼센트의 연 투자수익률이 합리적이라는 기준을 잡을 수 있는 능력 등, 돈 관리에 필요한 수학 능력은 그 정도다. 이런 연습을 하면서 숫자를 다룰 줄 알고 입증할 증거도 있다고 자신에게 외치다 보면 돈에 대한 어떤 비생산적인 생각도 억누를 수 있다.

이 이야기는 내 개인적인 자산관리뿐만 아니라, 내 직업에서도 적용된다. 나는 엄마만큼 높은 숫자를 외울 수 없던 내 두뇌 능력 탓에 '숫자에는 젬병이야'라고 생각하며 컸다. 하지만 도움을 얻을 도구나 방법이 있다면 굳이 그렇게까지 숫자에 능할 필요가 없다는 걸 깨달았고, 두 자리 숫자 암산의 귀재도 아니었는데 7학년에 수학팀에 들어갈 수 있었다. 나는 큰 그림을 보는 데 더 중요한, 개념과 원칙을 이해하고 있었다.

게다가 나는 수년 후 금융 및 재무 변호사가 될 정도였다. 물론 숫자를 잘 알고 있어야 했지만, 같이 일하던 경제학자나 통계학자만큼은 아니었다. 모든 통계 자료에 대해, 그 수치들의 계산법에 대해, 애널리스트들이 데이터를 분석하는 법에 대해, 그들만큼 깊이 있는 지식을 갖고 있을 필요는 없었다. 내 분야에서 성공하는 데 그 어느 것도 필요 없었고, 내 돈을 관리하는 지금도 마찬가지다.

알 필요가 있는 것들은 배우면 된다. 하지만 모든 걸 다 알 필요가 없으므로 모든 걸 다 배울 필요도 없다. 필요한 개념들을 어떻게 익힐지, 그리고 어떻게 그 개념들을 당신에게 유익하게 써먹을지를 헤아리는 것이 더 중요하다. 9 곱하기 8의 답을 바로 낼 수 있다면 훌륭하지만, 손가락을 써서 답을 찾아내도 훌륭하다. 계산기나 주판이 필요하다 해도 훌륭하다. 전혀 문제 될 것이 없기 때문이다. 어떤 도구든 사용해서 답만 찾으면 그만이다. 중학교 수학 선생님이 뭐라고 했었든, 현실에서는 원한다면 언제든 계산기 같은 도구를 사용할 수 있다.

중요한 것은 당신이 수학을 '잘한다'가 아니라, 당신이 부자가 되고 싶고 돈에 대해 자신감을 느끼고 싶어서 한다는 점이다. 자신감을 가지고 돈을 관리하는 법을 배워, 자신의 재무 결정들과 한푼 한푼 일구어가는 삶에 만족하고 싶은 욕구가 있다면, 그걸로 충분하다. 그 욕구만으로도 당신은 돈이 당신과 당신의 미래를 위해 일하게 만들 수 있다.

3부에서는 일곱 가지 돈 운용 능력에 대해 다룰 것이다. 각각의 능력이 당신의 삶에서 어떤 모습이며 그런 능력이 어떻게 부족해지고, 당신이 그로 인해 어떤 영향을 받는지 살펴본다. 그 일곱 가지 능력에 숙달되면 당신의 삶이 어떻게 변할지를 설명할 것이고, 꾸준히 연마해가는 법도 설명할 것이다. 그런 당신의 능력을 강화해가는 일은 지속적인 과정이다. 연습이지 일대일 거래가 아니다. 언제든 다시 찾아 복습하고 다시 상기할 수 있다.

- **낡은 개념**: "난 돈은 잘 몰라. 숫자는 너무 복잡해서, 내 특기라고 할 수도 없고, 앞으로도 그럴 거야."
- **새로운 개념**: "돈 관리하는 법은 배우면 되고, 그러면 효과적으로 잘할 자신이 있어. 꼭 배워야 할 능력이지 있으면 좋은 능력이 아니야. 이전에도 새로운 능력들을 익혀왔으니 이것도 익힐 수 있어."

행동 과제
BEHAVIORAL TASK

'숫자에 강한 사람은 아니다'라고 느꼈던 최초의 순간을 기억해봐라. 누구 혹은 어떤 일 때문에 당신 안에 그런 생각이 시작됐는가? 그때를 생각하면 지금은 어떤 생각이 드는가?

숫자에 꽝이라고 느꼈던 또 다른 때를 기억해보고, 그땐 왜 그런 생각이 들었는지 곰곰이 생각해봐라. 그런 다음 당신이 일상에서 숫자를 사용하고 수적 추론을 하는 모든 방식을 토대로 반론을 제기해봐라. 기분이 어떤가?

PART 3

돈 운용 능력
키우기

CHAPTER 14

돈을 운용하는 7가지 능력

—

돈을 효과적으로 관리하는 능력을 타고나는 사람은 없다. 다시 말하자면 돈 관리 능력은 배워서 얻는 기술이라는 말이다. 이번 장에서는 그 방법을 다룬다.

돈을 효과적으로 관리한다는 것은 7가지 핵심적인 돈 운용 능력을 갖추었다는 뜻이다. 누구나 인식하고 익혀나가야 하는, 돈을 다루는 모든 방식을 말한다. 그 7가지는 바로 이해, 결정, 벌기, 보유, 지출, 잃기, 키우기다. 모두 갖추게 되면 재정 능숙도가 완성된다.

7가지 돈 운용 능력은 필수 능력이지만, 처음 접했을 때는 그렇지 않다고 생각할 수도 있다. 돈 관리 능력이라고 하면 예산 수립, 숫자 계산, 공과금 납부와 같은 구체적인 기술, 즉 하드 스킬만을 떠올리기 쉽다. 더 추상적인 사고 판단과 가치 등은 빼먹을지도 모른다. 하지만 그런 '소프트' 스킬도 하드 스킬만큼 필수로 갖추어야 할 능력이다. 당신이 자기 돈을 관리하면서, 그리고 그 돈이 당신이 원하는 방향으로 움직이도록 하는 데 자신감을 심어주기 때문이다.

게다가 이 능력들이 익숙해지면 자기 돈이 무엇을 할 수 있을지에 대한 사고가 확장된다. 돈이 가진 모든 잠재력과 힘을 보게 된다. 숫자 셈과 지출 내역 결산에만 집중하면 돈을 가두는 셈이 되어, 엑셀 표와 은행 웹사이트에 갇혀 사는 것과 같아진다. 현재 자신이 보유하고 있는 지폐와 동전의 모음에 불과하다. 이런 단기적 시야는 자기 자산을 미래 지향적으로 바라볼 수 있는 시야, 즉 당신의 미래 재정의 궤적을 바꿀 수 있는 가장 큰 잠재력을 갖추는 일을 방해한다. 크게 보려면 언제 어떻게 돈이 당신의 삶으로 걸어 들어오는지를 알아야 하고, 필요에 따라 그 돈을 키울 줄 알아야 한다. 7가지 돈 운영 능력을 모두 활용할 때 가능한 일이다.

앞으로 각각의 능력들에 대해 살펴보며, 스스로 꽤 훌륭하고 자신 있다고 느끼는 능력들도 있을 테고, 그렇지 않은 능력들도 있을 것이다. 벌기와 쓰기에 꽤 수완이 좋을 수도 있지만, 잃고 키우는 일에는 경험이 부족할 수도 있다. 보통 다들 그렇다. 대부분은 돈과의 개인적 경험에 의존하기 때문이다. 하지만 중요한 건 현재의 안이함에서 벗어나, 타고난 강점을 포함한 7가지 돈 운용 능력 모두를 키워가는 것이다.

5성급 호텔 요리사가 되는 것과 같다. 먼저 먹는 걸 좋아해야 한다. 맛, 질감과 요리에 대해 박학다식해야 한다. 하지만 배워야 할 기초 원리들도 있다. 굽기와 볶기의 차이, 데침과 찜의 차이, 돼지고기와 소고기의 적정 요리 온도의 차이 등을 알아야 한다. 손 쓰는 법을 연습해야 하고, 칼 쓰는 법과 오믈렛 뒤집는 법, 밀가루 반죽하는 법을 배워야 한다. 이런 모든 능력이 호텔 요리사인 당신이 훌륭한 요리를 창조해낼 때 동원되는 능력들이다.

마찬가지로, 당신이 가진 돈 운용 능력이 무뎌지지 않도록 꾸준히 사용해야 한다. 그런 측면에서 마치 이를 닦는 것과 같다. 10년 동안 양치를 하지 않았다면, 1시간 내내 닦는다고 될 일이 아니어서 결국 치과에 갈 수밖에 없다. 자연치아를 거의 모두 잃게 될 수도 있다. 하지만 하루 5분이면 충치도 예방할 수 있다. 또한 돈 운용 능력을 꾸준히 연습하면 자연스럽게 최신 정보에도 가까워진다. 당신의 삶과 금융산업이 어떻게 변해가더라도, 당신이 가진 돈 운용 능력은 당신과 함께 성장하며 변화에 적응해갈 것이다.

결국 뭔가를 더 잘하는 방법을 배우는 일임은 물론, 무엇이 가능한지에 대한 감각을 키우고, 그 감각의 날을 예리하게 가는 일이다. 틀에 박힌 사고방식에서 벗어나 성장 지향적 사고방식을 갖게 되어, 차츰 7가지 돈 운용 능력 전부에서 당신도 능력을 키워나갈 수 있다는 자신감을 얻는 일이다. 자신을 알고 신뢰하게 되는 일이다.

자, 시작해보자.

CHAPTER 15

첫 번째 능력

이해

—

가장 우선해야 할 일은 돈이 무엇이고, 당신을 위해 어떤 일을 할 수 있고, 어떻게 작동하는지, 돈을 '이해'하는 것이다. 이 능력은 다른 나머지 6가지 능력의 전제다. 세상 모든 것을 다 알 필요는 없지만, 기본적인 사항들은 알아야 한다. 어느 정도 용어는 알아야 대출 상담 직원이나 금융설계사와 얘기할 때 어떤 질문을 할지도 알 수 있다.

이 책의 1, 2부를 통해, 당신은 이미 '이해' 능력을 키우는 일을 시작했다. 크고 의미 있는 일이다. 우리가 내리는 모든 결정이 돈과 결부된 결정이기 때문에 돈에 대해 생각하고 늘 더 배우려고 하는 자세는 일상이 될 수도 있고, 또 그래야만 한다.

돈을 이해해가는 과정은 평생 해야 할 학습 경험이다. 이해력을 키워가는 일을 절대 멈추면 안 되는 이유는 당신의 상황뿐 아니라 세상도 변화해가기 때문이다. 이해는 일반적으로 자기 돈을 관리하려면 뭘 해야 하는지와 같은 (앞에서 이미 배우고 온) 기본 사항과 우리를 둘러싼 금융 환경과 시스템이 변하고 진화해가는 방식과 이유를 알아가는 것부터 시작한다.

서구 사회 금융 시스템의 축인 신용점수, 주식시장, 소득세 신고 등을 늘 존재해왔던 당연한 것들로 생각하기 쉽다. 하지만 현실에서 이런 제도들은 때로는 점진적으로, 때로는 단기에 과감하게 변경되기도 하며, 심지어 사라질 수도 있다.

주식시장을 예로 들어보자. 주식시장이 생겨나기 전, 개인이 회사를 통해 돈을 벌 수 있는 유일한 방법은 설립하거나 소유하는 것이었다. 일반인이 기업 소유권의 작은 일부를, 즉 주식을 살 수 있다는 개념은 혁명과도 같았다. US스틸US Steel Corp.로 이득을 취하는 데 JP모건 같은 투자은행이 필요 없게 됐다. 주식을 사면 그만이었다. 기업 가치가 올라가면, 그 기업의 주가도 뛰고, 높은 가격에 그 주식을 팔면 돈을 벌 수 있다. 지금은 누구나 이해할 수 있는 간단한 원리지만, 주식시장 태동기에는 이 엄청난 변화를 이해할 수 있는 능력은 당연한 것도 아니었고, 이해가 부족하면 의도치 않은 손실을 볼 수도 있었다.

또한 주식시장은 진화를 거듭해갔다. 1924년 출시된 뮤추얼펀드로 여러 다른 기업의 주식 일부를 한꺼번에 소유할 수 있게 되었다. 이전에는 불가능했던 리스크 분산이 가능해졌다. 하지만 이런 새로운 이점 외에 뮤추얼펀드는 이해해야 할 것이 더 많았다. 펀드 관리를 투자은행 직원이 하므로, 투자은행들은 투자를 더 하기 위해, 그리고 인건비 명목으로 투자자들이 내야 할 수수료를 올렸다. 투자은행 매니저가 펀드 구성 종목을 관리하며 최고의 수익률을 위해 투기, 즉 도박할 수도 있고, 이때 발생할 수도 있는 실수를 만회하기 위해서도 투자 수수료 인상은 불가피했다.

뮤추얼펀드의 원리를 이해하고, 단일 기업 주식만을 보유했을 경우와 비교했을 때 장단점 등을 이해하는 것이 일반 투자자에게 갑작스레 매우 중요한 일이 됐다. 물론 뮤추얼펀드는 새롭고 혁신적이었던 상품이었지만, 그 작동 방식을 제대로 이해하지 못하고서는 올바른 투자 수단인지 확신할 수 없게 되었다. 이해할 수 있는 능력이 필요했다. ETF(상장지수펀드)가 1993년에 나왔을 때도 마찬가지였다. 여러 주식과 채권을 묶어서 운용한다는 점에서는 뮤추얼펀드와 닮았지만, ETF는 비교적 수동적으로 관리되어 전반적으로 뮤추얼펀드보다는 수수료가 낮다. 최근에도 다양한 주식투자 방법들이 소개되어 개개 주식을 소량씩 매수할 수 있게 됐다. 이렇듯 금융시장과 그 안에서 판매되는 금융상품들은 계속 진화해가며, 그때마다 투자자들의 '이해'를 요구한다.

이 이해 능력의 필요성은 주식시장의 변화 이해에만 국한되지 않는다. 지출, 저축, 투자를 위한 다양한 수단들은 우리가 생각하는 것보다 더 빨리 발전한다. 예를 들어 대부분 사람이 익숙하게 알고 있는 미국의 퇴직연금 401K는 꽤 오랜 역사를 가진 듯 보이지만, 사실 1970년대에 등장했다. 그러다 2008년 세계금융위기로 주택담보대출 정보공시와 401K 규제법에 급격한 변화가 찾아왔다. 2017년 감세 및 고용법으로 미국인들이 세금을 내고 환급받는 방식에 이전 30년 이상 동안 일어난 변화 중 가장 극적인 변화가 일었다. 그리고 요즘에는 기존보다 3일 더 빨리 월급을 빼 쓸 수 있는 직불카드 서비스나 개인 간 자금 이체 앱 같은 기술을 선보이는 핀테크(금융finance과 기술technology의 합성어) 스타트업들이 여기저기서 속출하고 있다.

즉, 돈의 세계는 끊임없이 진화하고 있고, 그래서 이해가 필수적인 능력이라는 것이다. 법과 규정을 외우자는 말이 아니라, 연구하고 배울 수 있는 자질과 자신감을 얻어 늘 금융시장이 지금과 같을 것이라고 단정 짓지 말자는 것이다. 돈을 이해하면 그 장단점을 고려한, 자신에게 유리한 결정을 내릴 수 있다. 위에서 언급한 월급을 일찍 빼 쓸 수 있는 직불카드는 훌륭하긴 하지만, 연방예금보험공사FDIC가 예금을 보장하지 않을 수도 있다. 연방예금보험공사의 예금자 보호 프로그램에 적용되지 않는다는 것을 이해한다는 것은, 다시 말해 그 핀테크 기업이 부도가 나면 당신은 돈을 날릴 수도 있다는 것을 이해하는 것이다. 이러한 이해는 그 직불카드를 신청할지 말지를 결정하는 데 중요한 요소가 된다.

구체적인 예들을 차치하고서라도 당신이 꼭 이해해야 할 건 그런 것들이 당신이 살아가는 동안 변할 수 있고, 또 변할 것이라는 점이다. 당신의 이해에 안정적인 균형을 찾는 것도 중요하다. 잘 알고 있으면 좋지만, (정말 재밌지 않은 한) 금융 관련된 모든 것을 깊게 파헤칠 필요는 없다. 새로운 상품이 나오면 가입을 해볼 수도 있다. 해당 상품에 관한 공부는 뛰어들지 말지를 결정할 수 있을 정도만 되면 된다. 그 정도로도 충분히 이해할 수 있고, 기존의 한물간 전략일 수도 있는 투자 방식에 갇히는 일도 막을 수 있다.

그렇다고 단지 기본 사실들과 원칙들을 배우는 것만으로 만족해서는 안 된다. 당신이 지출하거나 지출하기로 약속하기 전에, 스스로 뭘 하고 있는지를 이해하는 수준이 되어야 한다. 다시 말해, 약간의 노력을 하면 당신 지식에 난 구멍을 메울 수 있다는 자신감을 말한다. 꼭 기억해야 할 건 단 하나의 '나쁜' 재정 결정은 어떤 일에 동의하고 있는지 스스로 완전히 파악하고 있지 못할 때 일어나고, 그래서 이 능력, 즉 이해가 무엇보다도 중요하다. 이해하지 못하는 계약을 절대로 해서는 안 된다. 이해는 연습이 필요한 능력이고, 어떤 금융 거래에 가담하든 필수로 갖추어야 할 능력이다. 이 같은 사실을 당연시하면, 서명란에 서명하기 전에 궁금한 모든 사항을 질문하려는 자신감이 생긴다.

감정 때문에 이 능력을 충분히 연습하지 못하게 될 수도 있다. 괜히 싸움을 거는 것 같고, 바보처럼 보이기도 싫고, 계약을 이해 못 해 창피할 수도 있다. 이런 감정에 휘둘려선 안 된다. 어느 정도 금융에 대해 지식이 있다 해도, 그 무수한 금융 거래는 제각각의 특징이 있다. 따라서 한눈에 모든 용어를 이해할 수 있는 사람은 거의 없다.

진정한 이해란 질문하는 데 망설임이 없고 당신 앞에 펼쳐진 용어들에 대해 철저히 이해하는 것을 의미한다.

현실적인 예로 대출 담당자와 나누는 대화를 살펴보자. (아마도 자기가 뭘 하는지도 모른다는 인상을 줄까 봐) 불과 5분 만에 신분증과 제반 서류를 제출하고 서명하고 나오는 대신, 당신이 무엇을 알고 무엇을 모르는지를 확신하고, 처음부터 배우고 싶다는 사실을 명확히 하는 것이다. 계약상 용어들을 완벽히 이해하게 도와달라고, 시간이 걸리더라도 한 줄 한 줄 자세히 설명해달라고 말해라. 질문할 필요도 없다. 둘이 같이 차근차근 모든 걸 검토하자고 처음부터 일러둬라. 그러면 대출 담당자는 기꺼이 그렇게 도와드리겠다고 할 것이고, 검토하는 시점에 용어들의 의미, 개개 숫자들의 의미, 이자율이 변동이자인지, 연체 수수료는 얼마인지, 심지어 특정 조항이 쉬운 말로 풀면 어떤 뜻인지 등 구체적인 질문을 최대한 많이 하면 된다. 내 말을 믿어라. 상대는 전혀 개의치 않을 것이다. 질문마다 대출 담당자가 하는 답을 주의 깊게 듣고 이해가 잘 되었는지 확인하고, 미심쩍으면 당신이 이해한 식으로 바꿔 다시 물어봐라. 만약 설명이 계약서 내용과 100퍼센트 일치하지 않는데도 담당자가 너무 단호하게 말하면, 일단 설명에 감사한다고 말하고 설명한 내용을 적어달라고 요청해라.

이제 담당자는 당신이 요구한 사항에 맞춰 수정을 다 했고, 당신도 만족하며 서명하면 된다. 가장 이상적인 시나리오다. 이해에는 마음에 들지 않거나 말이 안 된다고 생각하면 언제라도 자리를 털고 일어설 줄 아는 것도 포함된다. 이해는 합법적이고 당신을 이용하려는 목적이 없고 서로 득이 되는 거래를 제안하는 상대가 인내심을 갖고 당신의 모든 질문에 답을 해줄 것이라는 사실을 확신하는 것이다. 또한 한 사람으로서든, 고객으로서든, 저당권자로서든, 특정 거래에서 당신이 누릴 수 있는 권리를 인지하는 것이다.

이해는 금융 거래를 넘어서도 적용된다. 대출 상담, 신용카드 신청, 부채 상환 협상 등에도 해당하지만, 다른 차와 접촉 사고가 났거나 고용계약서를 작성할 때, 그리고 마라톤 훈련을 시작하겠다고 결심할 때도 필요하다. 모두 일종의 계약이기 때문이다. 당신은 법적 · 경제적 효과가 있는 여러 종류의 계약에 꾸준히 개입될 것이고, 결국 그런 계약들에서 초래될 결과를 떠안게 될 주체는 바로 당신이다.

결과를 짊어질 주체는 당신이므로 늘 어떤 일에 발을 들이는 지를 이해해야 한다. 장기적으로 원치 않는 결과를 가져올 결정을 내리는 일을 피해라. 돈에 대해 더 잘 이해하고 있을수록 관리도, 원하는 결과를 낳을 결정을 내리기도 쉬워진다.

행동 과제
BEHAVIORAL TASK

아직 선뜻 이해되지 않는 부분이 있다면 해당 장으로 돌아가서 다시 읽어보라.

이미 결정한 금융 거래든 고려 중인 것이든, 그에 대해 질문하는 연습을 해라.

CHAPTER 16

두 번째 능력

결정

—

두 번째 돈 운용 능력은 '결정'이다. 돈에 관한 의사결정을 어떻게 하는지를 알아야 하고, 그런 결정을 하기 위한 체계도 필요하다. 이전에도 말했듯이, 모든 일에는 돈이 개입되기 때문에 우리가 내리는 모든 결정은 재정적 결정이다. 하지만 그런 결정은 결코 숫자를 비교하는 선에서 그치지 않기 때문에, 자신이 무엇을 우선시하고 무엇에 가치를 두는가를 아는 것이 핵심이다. 의도를 갖고 신중하게 결정하면, 장차 더 큰 (혹은 작은) 이득을 얻으려면 어떤 선택을 할지를 판단하는 것 이상을 생각할 수 있다. 모든 선택이 갖는 장단점을 고려하여 당신이 원하는 삶에 어울리는 선택을 하게 된다.

수년 전 나는 어느 법대에 진학할지를 따져보고 있었다. 예일, 하버드, 스탠퍼드, 아니면 미시간주립대 전액 장학생 중 어디를 가야 할지, 힘들지만 지극히 행복한 결정을 내려야 했다. 여기에는 수십만 달러의 돈 문제도 포함돼 있다. 하지만 법대 진학이 단순히 일회성 구매가 아니라, 앞으로 내 인생 3년과 장차 내 직업과 연관된 중차대한 문제라는 걸 알고 있었다. 대학마다 앞으로의 나의 삶이 어떨지를 생각해봤다. 내 삶이 어떻게 바뀔까? 코네티컷에 사는 것과 캘리포니아에 사는 게 무엇이 다를까? 총 학비 차이는 얼마나 날까? 미시간을 포기한다면 억대의 학자금 대출을 장차 어떻게 갚을까?

결국 내 결정의 반은 숫자였고, 나머지 반은 가치 판단이었다. 나는 큰 결정은 이런 식으로 내린다. 비용과 경험, 그 두 가지 사이에서 발생하는 득실을 고려했다.

결정 능력을 키운다는 것은 자신이 원하는 것과 그것을 달성할 수 있는 모든 방법을 밝혀낸 후, 가장 매력적인 길을 선택하는 것이다. 가장 빠른 길이어서 매력적일 수도 있다. 가장 효율적이거나 최소한의 희생이 요구되거나, 아니면 가장 재밌어 보여서일 수도 있다. 이유가 무엇이든 서두르지 말고 신중하게 선택해야 한다. 자신의 결정 능력을 믿을 수 있다면 삶을 능동적으로 살아가게 된다. 재무 계획을 미리 수립하여 갈림길마다 얼마만큼의 돈이 필요할지 판단할 수 있고, 어떤 선택이든 덮어두고 거절하기보다 가능성을 늘 열어둘 수 있게 된다.

결정 능력 키우기 1단계는 간단하다. 스스로 뭘 원하는지를 결정하라(24장에서 이 내용은 더 자세히 다룰 예정이다). 예를 들어 어디 살지를 고민하고 있다면, 호수가 보이는 방 3개가 있는 집을 원한다고 결정하는 것처럼.

그런 다음 그 목표를 달성할 모든 가능성을 생각해보는 것이다. 그런 집에 살려면 어떤 방법들이 있을까? 아마 자동으로 답이 나올 것이다. 벌써 가능한 방법과 불가능한 방법을 생각해봤을 것이다. 하지만 결정 능력을 키운다고 뭐든 성급하게 결정하라는 뜻은 아니다. 합리적인 결정은 당신이 원하는 것에 진심일 때만 가능하다. 그래야 당신의 머리가 한계와 닫힌 문을 보는 대신, 무한한 가능성을 보게 만들 수 있다.

따라서 호수가 보이는 그 집을 너무 사치스럽다거나 한낱 꿈에 불과하다고 지워버리는 대신, 내가 말하는 '가능성을 연습'하는 것부터 시작해봐라. 가능성 연습은 처음 본능적으로 떠오른 답을 덥석 선택하는 대신, 기타 모든 가능성을 염두에 두고 하나하나 꼼꼼히 따져보는 연습이다. 힘들어도 10~20개 정도 스스로 '가능하다'고 믿는 방법을 찾아라. 다이어리를 꺼내 적어보라. 다음은 호수가 보이는 집과 관련된 사례다.

- 호수 근처에 있는 집을 산다.
- 일 년 중 몇 달 동안 호숫가 집을 빌린다.
- 두 가구가 살 수 있는 호숫가 집을 구해, 반은 임대로 준다.
- 방 세 개 이상이 되는 더 큰 집을 사되, 좀 더 합리적인 가격으로 산다.
- 말 그대로 호수 바로 앞에 있어 더 비싼 집을 산다.
- 호수가 있는, 덜 비싼 동네로 이사해 집을 산다.

호수가 보이는 집에서 사는 모습이 어떨지를 여러 각도에서 생각해봤다면, 경제적으로 어떤 준비를 해야 할지도 요목조목 따져볼 수 있게 된다.

- 직장에서 연봉 인상이나 상여금을 협상해본다.
- 부업을 시작한다.
- 급여가 높은 직장으로 이직한다.
- 차를 팔아 보증금을 마련한다.
- 일단 집을 사고, 호수가 보이는 거실을 한 달에 한 번 이벤트 공간으로 빌려주는 식으로 융자를 갚아나간다.
- 1~2년(혹은 5년)을 기다리며 저축한다.

이제 이해했을 것이다. 이제 어느 길이 가장 매력적으로 보이는지 자신에게 물어봐라. 그 길로 갔을 때 어떤 단계들을 밟아가야 하고, 얻을 것과 잃을 것을 마음속에 그려봐라. 결정을 내리기 전에 모든 장단점을 상상해봐라. 말도 안 되는 방법이라도 바로 버리지 말고, 해보면 어떨까를 따져봐라.

이 과정을 통해 각각의 선택이 갖는 가능성을 꼼꼼히 따져보면, 어떤 세부 사항들이 자신에게 중요한지를 명확히 알 수 있게 된다. 바로 호수 앞에 있는 집을 사기로 결심하면, 차를 팔거나 다른 세입자를 들여야겠다는 생각이 들었을 수도 있다. 그런데 그런 희생을 하고 싶지 않다면, 대신 좀 덜 비싼 집이 낫다는 게 분명해졌을 것이다.

아니면 원래 원했던 것을 이제는 전혀 원하지 않게 되었음을 깨달았을 수도 있다. 꼼꼼히 따져본 모든 가능성이 하나도 내키지 않는다. 이사를 한다고 생각하니 아들이 전학을 가야 하거나, 친구들과 가족과 너무 거리가 생긴다거나, 출퇴근 시간이 길어진다거나 하는 문제가 있다. 혹은 사실 지금 동네에서 공간도 더 넓고 사생활도 더 보장되는 더 큰 집으로 이사하고 싶을 수도 있다. 호수는 여름에 휴가로 가면 되니까.

남편과 나는 집을 사면서 이런 의사결정 과정을 거쳤다. 우리에게 적합한 위치에 있고 마음에도 들었던 집을 찾았지만, 당시 첫 착수금에서 1만 5천 달러가 부족했다. 1년을 저축하며 기다리거나, 퇴직연금을 담보로 대출받는 방법이 있었다. 대출을 받을 만한 상황인지를 결정해야 했다. 하지만 뭔가가 그럴 만한 가치가 있는지에 대한 결정은 단순히 금전적 문제만은 아니다. 당신의 삶에 영향을 미칠, 대가와 혜택이 공존하는 결정이다. 그래서 당시 우리는 대출 문제를 전체적 시야로 접근했다.

당시 우리에게 매우 중요했던 한 가지는 가족이 정착하는 일이었다. 딸 알렉시스가 곧 8학년이 될 때였다. 알렉시스가 중고등학교에 다니며 전학을 밥 먹듯 하게 하고 싶지 않았다. 하지만 저축하며 기다리면 그 집은 다른 사람 차지가 될 거였다.

한편으로는 저축 목표를 앞지르고 있다는 사실을 깨달았다. 장기 자산 목표를 이루는 데 아무런 문제가 없었고, 계산을 좀 해보니 1만 5천 달러 정도는 목표에 크게 지장을 주지 않을 것 같았다. 게다가 대출금이니 갚으면 된다고 생각했다. 길에 나앉을 일은 아니었다.

마지막으로 1만 5천 달러를 빌려 쓰려는 것이 아니라는 사실을 떠올렸다. 그 돈을 빌려 수십만 달러 가치의 집에 투자하는 것이었다. 나는 내가 사는 집을 투자 수단으로 보지는 않지만, 어쨌든 시간이 가면서 가치가 오르는 자산이다. 퇴직연금 담보대출로, 나중에 팔아 그 대출금을 회수할 수 있는 부동산에 지분을 확보하는 일이었다.

그렇게, 가치 있는 선택이라는 결정이 내려졌다. 득과 실을 구체적으로 파헤쳐봐서인지 불안하지 않았다. 모든 결정에는 얻을 것과 잃을 것이 공존하기 때문에, 가능성을 연습하는 일은 '무엇'을 내주고 '무엇'을 받을지를 깊게 들여다볼 수 있는 훌륭한 방법이다. 득실에 대한 명확한 답이 있으면 자신에게 지금과 미래에 무엇이 중요한지에 대한 확신이 생기고, 결정하기 위한 모든 것이 갖춰진다.

당신이 집을 장만할 생각이 있다고 해보자. 착수금을 마련하기 위해 저축을 해야 할지, 아이를 낳아 제대로 된 가정을 만들어가야 할지 고민인데, 자녀가 생기면 주택 가격의 20퍼센트인 착수금을 마련하는 데 시간이 더 걸릴 수밖에 없다. 하지만 여기서 생각을 접으면 안 된다. 자신에게 지금 아이를 갖고, '동시에' 집도 곧 사면 어떠냐고 물어봐라. 그러면 여러 가지 대안들이 머리에 떠오르게 된다. 좋은 위치에 있는 집이 아니어서 가격 흥정을 할 수도 있다. 원래 집주인과 매매 수수료를 흥정할 수도 있다. 혹은 예산에 매달 부동산담보대출 상환액을 좀 더 늘릴 수 있는 여지가 있어, 20퍼센트까지 착수금이 필요 없을 수도 있다. 어쨌든 당신이 당신에게 있는 모든 선택 사항을 열거할 수 있는 이유는 첫 번째 돈 운용 능력, 즉 '이해'가 갖춰져 있기 때문이다.

이제 당신은 가능성을 열어두고 자신이 추구하는 가치를 알기 때문에 결정할 수 있다. 명확한 재무 결정은 당신이 하려는 일이 무엇인지, 그에 따르는 대가와 보상은 무엇인지를 이해하고, 그 득실에 만족할 때만 내려질 수 있다. 결국 그런 결정은 당신을 당신이 원하는 방향으로 안내해줄 수밖에 없다.

또 하나 알아야 할 핵심 사항은 그런 결정 능력에는 결단을 내리는 데 시간을 얼마나 투자할지 명확해야 하는 것도 포함된다는 점이다. 모든 경제적 의사결정마다 효율성의 초 극대화를 노리는 일이 바람직해 보일 수 있다. 하지만 당신이 하는 그 모든 조사, 적용, 가격 비교 등은 시간이 들고, 앞서 말했듯 시간은 되돌릴 수 없다. 꼼꼼하게 살펴보는 걸 좋아한다면 어쩔 수 없지만, 원하는 시간보다 더 많은 시간을 선택에 허비할 필요는 없다. 결정 능력을 연습하느라 힘을 다 뺄 필요까진 없다.

사실 고민하느라 시간을 더 보낸다고 꼭 더 나은 결과가 보장되지는 않는다. 심지어 과한 생각보다 본능에 귀 기울인 순간 판단이 결정 능력을 똑똑하게 사용한다고 볼 수도 있다. 앞에 놓인 사실을 빠르게 판단할 수 있다는 건 결국 이해 능력을 활용하고 있다는 뜻이기 때문이다. 가능성 연습을 생략해도 된다는 말이 아니다. 결정을 내리는 과정에 들어 있는 당신 시간의 가치를 중요하게 여기라는 말이다. 남에게 스스로 하는 일을 정당화할 필요는 없지만, 자신에게는 필요한 일이다.

행동 과제
BEHAVIORAL TASK

인생에서 원하는 것 하나를 판별한 후, 가능성 연습 단계를 거쳐보라.

CHAPTER 17

세 번째 능력

벌기

—

돈 운용 능력의 세 번째는 '벌기'다. 돈을 버는 데 필요한 능력이다. 어쨌든 인생에는 돈이 필요하다. 이 능력을 키워야 하는 이유는 생존과 직결되기 때문이다. 물론 여기서 말하는 벌기의 목적은 생존을 넘어 부유하게 살기 위함이다. 꿈꾸는 미래를 그려나가려면 필요한 돈을 어떻게 마련하느냐의 문제다. 은퇴를 위해 돈을 투자하는 방법에 관한 문제다. 돈을 벌면 타인에게 관대하기, 유산 남기기, 세상을 좀 더 나은 곳으로 만들어가기와 같은 것들을 포함해, 자신에게 기쁨을 주는 모든 것에 그 돈을 쓸 수 있다. 이 능력은 부자가 되는 데 있어, 지출을 최소화하는 데 집중하는 기존의 소위 '상식적' 접근법과 다르다. 극단적으로 말하면, '최대한 아껴라' 접근법으로 검소한 삶이 마치 부자가 되는 유일한 방법처럼 과장될 수 있다. 당신이 미니멀리즘과 절약을 추구한다면 전적으로 응원한다. 하지만 모두가 따르는 생활방식은 아니다. 부자가 되는 유일한 방법도 아니다. 사실 얼마만큼의 부를 축적하느냐에 있어 한계가 따르는 방법이다.

우선, 당신은 현재 소득 전부를 저축할 수도 있다. 그러면 말 그대로 아무런 지출도 없고, 장도 안 보고, 가스도 안 쓰고, 자본주의에 존재하는 어떤 거래도 하지 않는 것과 같다. 하지만 더 버는 데는 한계가 없다. 소득보다 저축이 많다는 건 수학적으로 불가능하다. 하지만 시간이 지나며 200퍼센트, 300퍼센트, 1,000퍼센트를 더 버는 건 전적으로 가능하다.

마지막으로 저축을 기반으로 한 전략은 두 번째 돈 운용 능력, 즉 결정을 손상할 수 있다. 모호하기 때문이다. 구체적이지도 않고, 움직이는 표적을 맞히는 일이다. 진정한 결정이라면 '최대한' 저축한다를 넘어 정확한 액수, 시간, 목표가 있어야 한다. 검소한 삶은 우유부단과 비슷해질 수 있다. 지나칠 경우 당신의 삶은 안 사고, 안 먹고, 안 갖는 것이 유일한 선택인 삶이 될 수 있다. '옳은' 선택이 단 하나라면 선택할 수 있는 것이 전혀 없는 것과 같다. 돈을 모으겠다는 단기적 결정이 장기적으로 원치 않던 결과를 낳을 수 있다.

돈을 더 벌면 선택할 수 있는 것들이 많아진다. 가능성을 연습하고 당신의 가치를 최우선으로 둘 수 있다. 버는 능력이 향상되면 장·단기적으로 선택할 수 있는 것들도 늘어난다. 어느 날 점심을 안 싸갔다고 돈을 아끼느라 굶을 필요가 없다. 돈을 더 벌고 있다면 샌드위치를 사 먹으면 그만이다. 은퇴하고 여행하는 삶을 살고 싶은데, 가장 싼 여행지를 찾을 필요도 없다. 돈을 더 벌어 여행 예산이 늘어, 당신에게 가장 큰 기쁨을 주는 장소를 찾아다닐 수 있다. 물론 원한다면 미니멀리즘을 추구하며 과함이 없는 삶을 살 수도 있다. 당신이 집을 소유하고 싶은 생각이 전혀 없고, 임대가 주는 자유를 더 선호할 수도 있지만, 윤리적이고 환경 친화적인 상품만을 고집한다면, 그런 상품을 만드는 기업들은 직원들을 공평하게 보상해주기 때문에 당연히 인건비가 높을 테고, 결국 상품 가격도 더 높을 것이다. 어떤 삶을 살기를 원하든지와 상관없이 벌기 능력은 키울 수 있다. '선택'은 당신에게 있다는 뜻이다. 미니멀리즘이 맞지 않는다면, 당신에게는 새로운 것들을 시도해보고, 삶의 일부를 개선해보고, 혹은 당신의 깊은 가치를 반영하여 우선순위를 바꿀 힘이 있다.

일부 사람들은 자신들의 버는 능력이 정해졌다고 믿으며 이 능력을 전혀 연습하지 않는다. 자신들이 할 수 있는 일은 저축밖에 없다며 저축을 늘리는 걸 기본으로 안다. 하지만 더 벌 수 있는 당신의 잠재력은 무한하다. 당신 직업과 관련된, 학위, 업계,

기업 등은 모두 선택이라는 점을 기억해라. 과거에도 그런 결정들을 해봤으니, 이제는 벌기 능력을 키우기 위해 다른 결정을 하면 된다. 또다시 핵심은 가능성에 대한 열린 자세다. 단순히 '이러면 어떨까?'라는 질문을 던지는 데서 돈을 더 버는 일이 시작될 수 있다.

또한 소득을 올리려고 당신의 현 상황과 작별할 필요도 없다. 우선 급여 인상이라는 분명한 방법이 있기 때문이다. 직무 기술서를 다시 잘 살펴보고 어느 부분에서 탁월함을 나타내왔는지에 찾아내라. 당신이 어떻게 회사의 성공에 직접적으로 이바지해왔는지를 찾아봐라. 당신 덕분에 수익이 개선되거나 실적 둔화세가 완화됐을 수도 있다. 다른 동종 기업들은 비슷한 업무에 어느 정도의 급여를 지급하는지 조사해본 후, 상사와 자리를 만들어라. 업무 실적을 언급하며 회사에 이바지해온 사항들을 보여줘라. 이렇게 대화 한 번으로 1년에 몇천 달러 연봉 인상을 얻어낼 수도 있고, 최소한 상사가 때가 됐다고 생각할 때 당신을 가장 먼저 떠올릴 수도 있다.

급여 인상을 요구할 수 없다면, 지금보다 높은 연봉을 받을 수 있는 토대를 마련해 벌기 능력을 키울 수도 있다. 특정 목표 달성에 당신의 기여도를 늘릴 방법이나 전반적인 실적 향상을 일으킬 방법을 상사와 의논해봐라. 3개월에서 6개월 정도 후에 다시 업무평가를 해, 그사이 어떤 노력을 했고 어떤 결과를 냈는지를 평가하자고 제안해라. 그렇게 차후 다시 상사와 마주 앉았을 때, 당신이 회사에 안겨준 혜택을 언급하여 임금 인상의 타당성을 주장할 수 있다. 거절당하더라도 이제 능력을 발휘한 기록이 생겼으니 더 급여가 나은 곳으로 이직할 때 도움이 될 것이고, 그렇게 그간 벌기 능력을 키운 것과 마찬가지인 셈이 된다.

현 직장에서 더 벌 방법이 없다면, 새로운 일을 찾는 방법으로 벌기 능력을 연습할 수 있다. 삶의 전반을 크게 바꾸지 않고도 이직만으로 10~15퍼센트 급여 인상을 이뤄낼 수 있다. 지금 하는 일과 똑같은 일을 하면서 더 많은 돈을 벌 수도 있는 방법이기도 하다. 남편 조지프와 내가 그간 써온 전략이고, 그 덕택에 법대 졸업 후 7년 남짓 동안 수입이 두 배 이상 늘었다. 그간 우리는 다섯 군데 다른 회사에 일하느라 이사를 다녀야 했다. 물론 많은 변화였지만, 결정하기 전 매번 깊게 고민했고 충분히 가치 있는 시간이었다. 늘 더 나은 연봉뿐만 아니라 조직 내에서 성장할 기회를 약속하는 새로운 고용주를 찾았고, 그래서 우리의 선택이 시간이 감에 따라 가속이 붙도록 했다. 이력서를 꾸준히 업데이트하고, 능동적으로 정보력을 쌓고, 앞을 내다보려고 하는 것이 벌기 능력을 개선하는 데 있어 연봉 협상만큼 중요하다.

새로운 기술을 배우거나 분야를 바꿔 벌기 능력을 키울 수도 있다. 새로 학위를 따거나 온라인 코스를 밟아 소득 증대 가능성을 키울 수 있기 때문이다. 직장 혹은 산업을 바꿔보길 고려해보거나, 지금 일하는 직장에 다른 기회가 있는지 찾아봐라. 심지어 현재 직장을 이용해 새로운 기술을 배울 수도 있다. 관리자에게 교차 훈련이나 타 부서와 협업할 수 있는지를 물어보거나, 직원 교육비 지원이 가능한지를 알아봐라.

벌기 능력을 지금 직장 밖으로 확대해보는 것도 좋은 방법이다. 당신에게는 공예 같은 손재주로 또 다른 소득을 일으킬 수 있는 생산적인 취미가 있을 수도 있다. 인물 사진을 잘 찍거나, 과외를 하거나, 스포츠 경기 심판을 볼 수 있는 등 특별한 기술이 있을 수도 있다. 본업의 근무 시간이 유연하거나 시간제로 일하고 있다면 주말에만 할 수 있는 일이 있을 수도 있다. 아니면 퇴직하여 사업을 시작해볼 수도 있다. 인터넷 사업이라면 자본이 거의 들지 않아 리스크가 낮다. 당신에게는 남들에게 실질적 가치를 제공할 수 있는 특별한 재능과 전문지식이 있다는 것을 기억해라.

당신의 돈 버는 능력은 당신의 통제하에 있고 거의 무한하다. 그중에 몇 가지 능력을 고르기만 하면 된다. 그때 또다시 가능성을 연습하며 어떤 선택이 당신과 당신 목표에 부합하는지를 헤아려봐라. 당신의 현재 위치가 어디든, 방법을 모색하려고만 하면 당신의 벌기 능력에는 그 어떤 제약도 없다.

아래 질문들에 대해 생각해보라.

● 현재 나는 어떻게 돈을 벌고 있나?

● 현 직장에서 어떻게 더 많은 급여를 받을 수 있을까?

● 내 수익 가능성을 어떻게 극대화할 수 있을까?

● 어떻게 내 능력을 갈고닦아 늘 업계에서 경쟁력을 유지할 수 있을까?

● 직장을 잃거나 다른 소득원을 잃더라도 어떻게 계속 돈을 벌 수 있을까? 고용되지 않고 돈을 버는 다른 방법이 있을까?

● 꼭 돈벌이와 연관 짓지 않더라도, 나에겐 어떤 특별한 재능이 있을까? 그 재능을 이용해 나는 어떻게 이미 내 삶을 내 가치와 좀 더 닮도록 일구어왔을까?

CHAPTER 18

네 번째 능력

보유

—

네 번째 돈 운용 능력은 '보유'다. 돈을 갖고 있는 데 익숙해져야 한다. 그냥 두는 것이다. 바로 쓰지 말아라. 그냥 가지고 있어라. 돈을 갖고 있으면 '이해'와 '결정' 같은 다른 돈 운용 능력을 연습할 시간이 마련된다. 자신의 현 상황에 안심하게 되어, 허둥대며 무턱대고 행동하지 않을 수 있다. 상황을 명확하게 볼 수 있고 문맥을 읽을 수 있다. 돈을 가지고 있고 건드리지 않는 데 숙달되면 장기적으로 순조롭게 재무관리를 해나갈 수 있다.

돈을 그냥 갖고만 있는 일을 힘들어하는 사람들이 많다. 그런 사람들은 늘 급하고, 그 급한 기분이 낯설고 불편하다는 사실을 받아들이지 않는다. 인생 대부분을 한달 한달 근근이 살아온 사람들이 특히 그렇다. 당신의 의사결정 과정이 '이걸 쓰면 이번 달 통장이 마이너스가 될까?'라는 식일 수도 있다. 그 질문에 대한 답이 예라면, 의지력을 최대한 동원해서 쓰지 않으려고 최선을 다해보라. 답이 아니오라면, 안심할 만하다. 의지력까지는 아직 필요하지 않겠다. 괜한 수수료 폭탄을 맞을 일은 없어졌다. 이렇게 또 다른 청구서가 튀어올까 봐 지금 가진 돈을 써야 한다고 생각하게 되고 마는 것이다.

나는 서두르게 되는 충동을 잘 알고 있다. 매달 월급을 받고 나면 '저축'이랍시고 50달러가 남았지만, 그 돈마저 다른 청구서를 내느라 체크 계좌로 다시 옮기는 일을 거의 10년을 했다. 그 이후부터 지금까지 돈을 안 쓰고 보유하는 능력에 집중해왔다. 지금도 내 기업 계좌에 돈이 들어온 걸 보면 그 충동을 느끼지만, 잠시 멈춰 뭐가 그리 급한지를 나 자신에게 물을 수 있게 되었다. 물론 급한 일이 전혀 없다는 게 늘 결론이다. 개개인의 재정 상황과 상관없이 갖고만 있을 수 있어도 큰 차이가 생긴다.

돈을 보유하고 있는 것과 저축이 꼭 같은 개념은 아니다. 내가 50달러를 '저축'하던 일은 빠르고 쉬웠다. 체크 계좌에서 저축 계좌로 송금만 하면 그만이었다. 5분 정도면 충분했다. 이후 은행으로부터 그 돈이 저축되었다는 '송금 완료' 안내도 받는다. 하지만 돈을 보유하는 건 저축과 같은 방식으로 완성되지 않는다.

어떤 안내도 없다. 보유는 당신이 생각하기에 합리적이라고 믿는 순간까지 그 돈을 쥐고 있는 데 전혀 불안함이 없는 상태다. 스스로 정한 '합리적인 선'에 자신이 있음을 뜻한다.

보유는 지출과도 다르다. 지출은 지출이 필요할 때 합리적일 때 지출하는 것이지만, 보유는 '말이 안 되는' 지출을 하지 않는 것이다. 다른 목적을 위해 돈을 떼어두는 것을 의미하며, 한쪽에서 빌려 다른 쪽을 메우는 것을 의미하지 않는다.

내가 자산관리 교육 과정에서 목격한 한 가지 사례를 보자. 이들은 (이 책의 5부에서 다룰) 긴급자금을 잘 모아왔다. 매달 그 돈에 괜히 손대지 말아야 함을 잘 알고 있다. 이들의 보유 능력은 성장 중이다. 하지만 크게 지출할 일이 생길 때가 문제다. 예를 들어 차 정기 점검이나 브레이크 패드나 타이어를 갈 일이 생기면, 긴급자금이 쓰일 때라며 서슴없이 그 돈에 손을 댄다.

하지만 그렇게 모아온 긴급자금을 초월할 수 있을 정도로 보유 능력을 확장해왔다면 어떨까? 이들은 자신들의 차가 타면 탈수록 성능이 떨어져 1년에 한 번 정기 점검을 받아야 한다는 사실을 잘 알고 있다. 심지어 정기 점검 날짜도 알고 있다. 그래서 긴급자금과 별개로 그 비용을 처리할 돈을 준비할 필요가 있다는 것도 알고 있다. 응급상황은 실직, 큰 병, 코로나19처럼 별안간 들이닥치는 사건이다. 반면 정기적으로 받아야 하는 차 수리는 예측할 수 있다. 돈을 보유한다는 건 긴급상황과 예측할 수 있는 상황 모두를 위해 돈을 마련해두는 일이다. 매달 저축 계좌에 손대는 대신 건드리지 않고 가만히 두는 능력을 키워나가면, 구체적이고 뚜렷한 경비에 쓰일 돈을 미리 떼어놓는 능력도 향상된다. 이것이 장기적 성공과 부 축적을 이뤄낼 수 있는 습관과 환경을 조성하는 획기적인 방법의 하나다.

얼마 전, 내 수강생 중 한 명이 페이스북 모임 페이지에 한 달치 긴급자금을 모으는 데 성공했다며 글을 올렸다. 그 성공에 대해 남편과 어떻게 축하할 계획이냐고 묻자, 딱히 생각해보지 않았다고 했다. 다음 목표에 너무 집중한 나머지 '이번' 목표 달성에 기뻐할 짬도 못 낸 것이다. 많이들 하는 실수다. 현재의 내 위치와 내가 가고 싶은 목표 간의 차이에 집착하는 것이 인간의 본성이고, 어느 정도 동기부여는 된다. 하지만 현재에 대한 감사를 희생하면 동기부여가 되지 않는다. 돈을 보유한다는 건 바로 다음 행동에 돌입하기보다, 그런 감사함을 느낄 수 있다는 것이다. 당신에게는 잠깐 앉아 성공을 자축할 자격이 있다.

돈을 보유하는 능력을 지금부터 바로 키워나가라. 잠깐 멈춰 당신의 돈이 당신에게 선물한 모든 것을 즐겨라. 당신이 돈 덕분에 일구어올 수 있던 당신의 삶을 돌아봐라. 현재와 현재 재무 상황에 만족해라.

행동 과제
BEHAVIORAL TASK

100달러짜리 지폐 한 장을 지갑에 넣고 다녀봐라. 쓰지 마라. 가지고 있기를 연습하라.

5달러라도 좋으니 일정 금액이 매달 저축 계좌로 자동 입금되도록 설정해둬라. 이 돈을 건드리지 마라. 액수가 문제가 아니라, 보유를 연습하는 것이다.

CHAPTER 19

다섯 번째 능력

지출

—

돈을 운용하는 데 필요한 다섯 번째 능력은 '지출'이다. 맞다, 쓸 줄 알아야 한다. 자신에게 즐거움을 주는 것들에 지출하는 데 불편함이 없어야 한다. 효과적으로 돈을 쓰는 일이 지출 액수의 상한을 정해야 한다든지, 혹은 어떤 것들은 사지 말아야 한다든지 같은 제약을 뜻하지는 않는다. 의도를 갖고 지출하라는 뜻이다. 남이 원하고 생각하는 바와 상관없이, 당신이 원하는 바에 맞게 지출하라는 뜻이다. 이 능력은 당신이 지금 당장 원하는 삶을 구현해주며, 당신을 당신이 장차 원하는 삶의 궤도에도 올려놔 준다. 당신이 허우적거리는 대신 중심을 잡게 해줄 능력이다.

지출은 사람들 대부분이 놀랄 정도로 힘들어하는 능력이다. 사람들은 돈 관리에 '능하다'의 의미를 절대 쓰지 않는다는 뜻으로 받아들인다. 지출 능력을 발전시키려면 그 흑백논리를 극복해야 한다. 당신 자신에게 중요하고 기쁨을 주는 것들에 돈을 쓰도록 스스로 허락해라.

지출 능력은 지출 액수나 지출 빈도와 아무런 관계가 없다. 대신 의도가 전부다. 가격은 상대적이다. 가격으로 '당신'이 얼마나 그 물건을 아끼고 음미할지를 알 수는 없다. 만약 내가 당신에게 아마 3천 달러 정도 비용이 드는 휴가라면 즐겁게 다녀올 거라고 하면, 당신은 아마 '어디로 가느냐에 따라 다르겠죠?'라고 할 수도 있다. 스노클링을 좋아하지만 추운 건 싫다면, 케이맨 제도에서의 휴가가 노르웨이에서 스키를 타는 휴가보다 훨씬 더 만족스러울 것이다. 효과적인 지출은 가격 이상을 판단하는 것이다. 무조건 싼 것, 무조건 비싼 것을 선택하는 것이 아니다. 그 지출을 통해 무엇을 원하는지 생각해보고, 그 원하는 걸 이루려고 지출하라는 뜻이다.

다른 한편으로, 이 능력을 키우려면 대책 없는 지출을 피해야 한다. 생각 없는 습관적인 지출은 의도적인 지출이 아니며, 의도의 시작은 인지에 있다. 습관을 살펴보고 당신이 원하는 건지 자문해봐라. 그 돈을 어떤 목표를 가지고 썼었나? 아니면 어쩌다 보니 쓰게 되었나? 한 예로, 나의 자산관리 교육의 많은 수강생이 외식을 습관처럼 한다는 사실을 알고 있다. 외식은 의도를 가지고 돈을 쓰기 좋은 예지만, 돈을 아무 생각 없이 쓰기도 좋은 예다. 의도 있는 지출이라면 언제, 어디서, 얼마나 자주, 얼마의 액수를 외식에 지출할 것인가를 생각하는 것이다. 정기적으로 드나드는 식당들이 있을 수도 있고, 특정 식당에서 매주 어떤 모임이 있을 수도 있다. 하지만 생각 없는 지출은 어떤 선택이 있는지를 고려한 후 선택하는 데 아무 머뭇거림이 없음을 의미한다. 곰곰이 생각을 해보면, 절약되는 시간을 고려하더라도 배달 음식이 집에서 해 먹는 음식보다 전혀 낫지 않다는 깨달음을 얻을 수도 있다. 그렇게 의도를 가지고 생각해보면 다른 선택을 했을 수도 있다(혹은 외식 횟수를 점검해보니, '일주일에 두 번 설거지를 안 해도 되니 충분히 가치가 있고말고!'라는 결론을 내렸으면, 외식 대신 다른 습관을 점검해도 된다).

습관을 되돌아보면 다음에는 그런 '다시는 안 할' 순간이 오면 피할 수 있다. 지출 능력을 키우려면 당신의 지출의 어느 면이 당신의 의도와 일치하지 않는지를 파악하여 바로 잡아야 한다. 한 달에 외식을 10번 하는 대신 5번이면 원하는 만큼의 충분한 기쁨을 얻을 수 있는 것으로 파악됐다면, 나머지 돈은 휴가, 기부, 마사지 등 당신에게 중요한 일에 쓰일 수 있다.

습관적으로 돈을 쓰는 일을 줄여나가다 보면, '장차' 어디에 써야겠다는 계획을 세우고 싶어질 것이다. 계획을 세우면 의도 있게 지출할 구체적 단계가 보이게 되어, 확신이 없어 막무가내로 지출하던 습관에서 벗어날 수 있다(지출 계획 세부 사항에 대해서는 30장에서 살펴보겠다). 일단은 자신에게 중요한 것들에 지출해라. 당신의 삶을 살 사람은 당신뿐이다. 다른 사람이 당신 예산으로 살 수는 없다. 어떤 것이 가치 있는가를 결정하는 주체는 당신이다.

그러려면 자신이 무엇을 원하는지가 명확해야 한다. 일반적인 사항에서 시작해서 구체적으로 파고들어라. 예를 들어 누군가 요리를 대신 해준다면 좋겠다는 모호한 생각을 구체적으로 분석해보는 것이다. 당신이 원하는 건 가족을 위해 주 5일 점심과 저녁을 요리해 집으로 배달해줄 개인 요리사다. 5번의 점심과 5번의 저녁을 5인 가족에게 제공한다면 주당 총 40회 식사다.

이렇게 기준을 잡고 나면 이제 얼마나 들지를 알아봐야 한다. 인터넷에서 알아보고, 업체에 이메일을 보내 견적을 받아봐라. 그런 다음 잠시 멈춰, 반사적으로 무조건 싼 (혹은 가장 비싼) 업체를 고르지 않도록 자신에게 시간을 줘라. 결정 능력을 이용해 앞에 놓인 선택지를 꼼꼼히 살펴봐라. 그런 다음 이 지출로 얻을 가치와 기쁨을 생각해봐라. 견적을 다시 살펴보고 합리적이라는 판단이 들어 계약할 수도 있고, 휴가비를 끌어 쓸 정도의 가치가 있다고는 생각하지 않아, 일주일에 1~2회 정도 식사 서비스면 충분하다는 결론에 도달할 수도 있다. 혹은 가격을 보고 약간 놀랐을 수도 있다(지출 능력을 키우는 데 보통 겪는 일이지만). '너무 과하다'

나 '다들 이렇게 큰돈을 쓴다고?'와 같은 생각이 들면 또 잠깐 멈춰봐라. 그런 생각이 왜 드는지를 생각해봐라. 정말 당신이 그렇게 생각하는가? 솔직히 자신의 그 자동 반응에 동의하는가? 이 질문에 대한 답이 제일 중요하다. 돈을 번 건 당신이고, 그 돈을 쓰게 되어 있고, 지출로 혜택을 받을 주체는 당신이다.

지출 능력이 강하다는 뜻은 남의 의견에 따라 지출하지 않는다는 것이다. 다른 누군가는 개인 요리사를 원치 않을 수도 있다. 당신과 다른 그 사람만의 가치가 있을 테고, 그 사람이 돈 쓰는 방식은 다를 것이다. 당신은 '당신 가치'를 살펴봐야 한다. 당신은 건강한 음식에 신경 쓸 수도 있다. 저녁 차리느라 바쁘기보다 진정한 가족과의 식사 시간에 가치를 둘 수도 있다. 작은 동네 가게들을 애용해주는 데 가치를 느낄 수도 있다. 식사 준비에서 해방되어 얻는 자유시간을 더 의미 있다고 생각할 수도 있다. 그런 가치들에 맞게 돈을 지출해라. 지출에 계획이 있다면 딱히 걱정할 것이 없다.

지출은 단지 지금 내 가치에 맞게 사는 것만을 뜻하지는 않는다. 지금 자기 가치에 맞게 살면 미래에도 그렇게 된다. 개인 PT에 투자하면 나중에 수천 달러의 병원비를 아낄 수도 있다. 휴가 복귀를 비즈니스석으로 한다면 돌아와 녹초가 되는 일을 막을 수 있다. 휴가 선물을 인터넷으로 사는 대신 가까운 명품점에서 사면 지역 경제에 이바지할 수 있다. (품질 좋은 상품이든 서비스든) 돈을 더 내면 자신은 물론, 지역사회와 지구를 위한 일이 되는 경우가 꽤 많다. 당장과 먼 미래를 위해 의도 있게 지출하는 것이다.

지출 능력은 당신의 중심을 잡아주고, 감사하며 현재를 살 수 있도록 해준다. 기억하라. 삶은 당신이 정한 목표 사이 사이에 벌어진다. 경제적 자유를 이루기 위해 열심히 일하든, 집을 사기 위해서든, 자녀들 대학 등록금 때문이든, 순간을 사는 것이 인생이다. 그 일상의 순간순간들이 돌아볼 추억이 된다. 기뻐하며 되돌아볼 일들은 그런 추억들이지 연금액이 얼마를 달성했을 순간이 아니다. 그런 기쁨의 순간들을 위해 지출하라.

행동 과제
BEHAVIORAL TASK

원하는 걸 사보고 그 구매를 음미하는 연습을 해라. 천천히 느껴봐라. 뭘 샀는가? 그래서 기분이 어떤가? 그 물건이 주는 모든 즐거움을 어떻게 즐길 생각인가? 개인적으로 그 물건에서는 어떤 가치를 얻는가?

CHAPTER 20

여섯 번째 능력

잃기

—

우리는 돈을 잃지 않으려고 애쓴다. 하지만 살다 보면 그러기 쉽지 않다. 가전제품을 샀는데 고장 날 수도 있고, 그러면 새로 사야 한다. 다른 도시에 있는 직장을 잡아 이사하느라 시간과 돈을 썼는데, 구조조정으로 해고가 되어 다시 원래 있던 곳으로 돌아와야 할 수도 있다. 혹은 그 다른 도시의 일자리를 누군가와의 관계 때문에 거절했는데, 그 관계가 끝나버려 이미 날아간 기회에 분노할 수도 있다.

고민 끝에 확실한 선택을 했더라도 우리는 세상의 변덕에서 벗어날 수 없다. 동네 집값이 4배가 뛰면 이사할 수밖에 없다. 시장이 폭락하면 순자산에 상당 부분이 잘려나가기 마련이다. 코로나19와 같은 세계적 감염병 대유행이 닥치면 옴짝달싹 못 하게 된다. 무슨 일이 일어날지는 정확히 몰라도, 손실이 생길 일이 '일어날 것'이라는 점은 확실하다.

돈을 잃는 일은 어쩔 수 없는 삶의 일부다. 그런데도 그런 일이 닥칠 때마다 재앙 같다는 기분이 든다. 감정이 복받치고 두려움과 간절함으로 선택이나 결정을 하고 만다. 공황 상태가 되면 발전적인 뇌는 꺼지고 본능적인 뇌가 켜지면서 최고의 의사결정에서 멀어지게 된다.

물론 돈을 잃는 데 편안해지라고 해서 늘 리스크를 감수하라는 뜻은 아니다. 주사위를 굴릴 땐 언제든 까다롭게 굴어야 한다. 모든 일에 위험을 감수할 필요는 없지만, 위험을 감수할 줄은 알아야 한다. 모든 결정에는 미지수가 따른다. 고급 학위에 투자해 경력을 끌어올려 장기적으로 더 큰 돈을 벌 수 있다면 계산된 리스크라 할 수 있다. 부업을 시작하는 일도 리스크다. 임대할 계획으로 아파트를 사는 것도 리스크다. 직장에서 더 많은 일을 맡아 6개월 내 급여 인상을 노리는 일도 리스크다. 모두 장점도 기대되지만, 잘못될 공산도 적지 않다. 아침에 눈 뜨자마자 시작되는 일이 계산된 위험 감수다. 당연한 삶의 일부다.

돈을 잃을 수도 있지만 또 잘될 수도 있고, 결국 그래야 부를 축적하는 과정의 일부인 위험 감수라는 개념을 이해할 수 있다.

적응해갈 수 있다는 자신감이 있으면 세상이 바뀌는 대로 당신도 바뀔 수 있다.

하지만 돈을 잃을까 봐 너무 안절부절못하면, 안전한 결정을 하겠지만 최선의 결정은 못 하게 된다. 두려움 때문에 원하는 삶에 미치지 못하며 살게 된다. 돈을 잃을 수도 있다는 생각에 투자를 망설이는 많은 사람이 좋은 예다. 시장 상황이 나빠져 순자산을 까먹게 될까 봐 걱정한다.

코로나19 초반에 주식시장이 하락했을 때, 나와 남편이 가지고 있던 포트폴리오가 하루 만에 약 40퍼센트가 빠졌다. 한 번도 겪어본 적이 없던 하루 최대 손실이었다. 어떻게 그렇게 큰 손실이 하루 만에 발생할 수 있는지 충격적이었지만, 수강생들에게 '잃기' 능력을 알려줄 좋은 기회였다. 나는 수강생들을 진정시키며, 리스크를 완화하려면 어떤 계획을 세워야 하는지 자세히 알려주었고, 이렇게 어쩔 수 없는 단기 시장 요동을 이해하는 법을 설명해주었다. 또한 잃기 능력의 핵심이 되는, 감정을 다스리는 법을 알려줬다. 이런 격변이 닥치면 감정적으로 동요되는 것은 정상이지만, 자신의 재정 상황에 대한 탄탄한 이해가 있다면 흔들리지 않을 수 있다. 대중의 정서가 당신이 당신 재무 상황에 대해 갖고 있는 생각에 과도한 영향을 미치도록 놔둬서는 안 된다.

또한 이 사례는 이해 능력이 어떻게 잃기 능력을 키우는 데 도움이 되는지를 보여준다. 시장이 주저앉았을 때 나는 무슨 일이 일어나고 있는지 알았다. 우선 일시적 하락에 불과하다는 걸 알았다. 시장이 오르고 내리는 것과 같은 일시적 현상이었다. 은퇴하려면 아직 수십 년은 더 있어야 하고, 그때까지 잘 견딜 시간이 있다는 걸 알았다. 내 포트폴리오에 있는 주식을 곧 팔지 않을 거라는 걸 알았기 때문에 당시 떨어져 있던 가치가 대단한 염려 거리는 아니었다. 가치는 변했지만 내가 보유하고 있는 주식 수는 같다는 걸 알았다.

행여 투자를 이미 하고 있더라도, 돈을 잃을 거라는 두려움으로 불안에 떨 수 있고, 실제보다 부풀린 손실을 상상할 수도 있다. 하지만 잃어도 괜찮다고 생각하게 되면 또렷하게 사실을 직시할 수 있다.

그래서 나는 우리 포트폴리오 가치가 떨어졌을 때 계산을 해봤다. 시장이 생각보다 빨리 회복하지 못하면 뭘 해야 할지를 파악하고 싶었다. 정상화되려면 저축액을 얼마나 늘려야 할까? 답은 5년간 150달러를 추가로 더 저금해야 했다. 가능해 보였다.

잃는 능력에 숙달되려면 안 좋은 일들이 일어날 수 있음을 인식해야 한다. 하지만 한 가지 더 인식해야 할 것은 손실을 봤다고 자신이 돈을 잘 못 굴린다고 믿거나, 더 큰 돈은 영영 벌 수 없다고 믿거나, 목표 달성은 물 건너갔다고 믿지 말아야 한다는 점이다. 대신 예상 못 한 일이 터졌고, 노력은 해봤지만 잘 안 됐다고 생각해야 한다. 어느 쪽이든 자기 것으로 받아들여 소화해 더 나은 선택을 하는 데 이용할 새로운 정보가 생겼다.

우리는 시행착오를 통해 성장한다. 살면서 손실을 보더라도 목표를 이룰 수 있고, 분노·후회·좌절에 빠져 자책하려고 하지 않으면 목표 달성이 더 쉬워질 것이다. 그런 감정은 전혀 도움이 되지 않으며, 이미 물은 엎질러졌다. 돈을 잃는데 편안해지면 감정이 사실을 앞서가는 일을 막을 수 있다.

잠재적 손실을 편안하게 대할 수 있는 능력은 매일 보상을 안겨준다. 새로 생긴 식당이나 음식을 맛이 없을지도 모른다는 억측에 시도조차 하지 않는다면, 따뜻하고 버터 향이 가득한 로티빵이나 상쾌한 카리브해 수영차가 주는 기쁨을 절대 경험하지 못할 것이다. 거절의 위험을 감수하기 싫어 승진에 도전하지 않는다면, 장담컨대 절대 승진하지 못한다. 물론 당신은 불편함으로부터 자아는 지켜냈겠지만, 3만 달러 연봉 인상은 물 건너보냈다.

극도로 리스크를 회피하면 자기 자신이나 돈을 지키게 될 거라고 생각할 수도 있지만, 정반대다. 풍족함과 안정성이 커지기보다 오히려 부족해진다. 손실의 두려움에 휩싸여 결정하면 안된다. 막연한 두려움이 최선의 결과를 가져오지 않기 때문이다. 대신 이해와 결정 능력을 제대로 활용하고, 그 두려움을 이용하여 자신을 보호하고, 불필요한 리스크를 피해라.

리스크와 손실을 참고 견딜 줄 아는 능력이 향상되면 정체를 막을 수 있다. 잠재와 가능성을 환영하게 된다.

행동 과제
BEHAVIORAL TASK

아래 몇 가지 질문에 답해보기를 바란다.

- 돈을 잃으면, 나는 그 손실을 어떻게 생각하나? 어떤 감정이 솟나?

- 돈을 잃거나 잃는다고 생각하면, 무엇이 두려운가?

- 과거의 손실에 어떻게 감사함을 느낄 수 있을까? 무엇을 얻고, 무엇을 배웠는가?

CHAPTER 21

일곱 번째 능력

키우기

—

마지막 일곱 번째 돈 운용 능력은 '키우기'다. 돈은 버는 것이 다가 아니고, 투자를 통해 돈이 자신을 위해 일하도록 만들어야 한다. 키우기 능력이 있다는 것은 자신의 시작과 끝이 어디인 줄 알고, 그 두 가지에 만족한다는 뜻이다. 투자의 진정한 의미, 실제, 작동 원리를 알고, 돈이 자동으로 불어나는 확실한 자산 증식 계획을 수립하기 위한 행동을 취한다는 뜻이다.

키우기 능력의 시작은 자신의 현 위치에 만족하는 데서 비롯된다. 화폐의 시간가치는 앞에서 이미 배웠고, 키우기 능력을 활용한다는 뜻은 바로 그 원칙이 당신을 위해 돌아가도록 만드는 것이다. 잠깐 다시 상기하자면, 화폐의 시간가치란 투자를 늦게 시작할수록 같은 목표를 이루는 데 더 많은 투자를 해야 한다는 뜻이다. 당신이 키우기 능력을 활용하고 있다면, 이 속담을 구현하고 있는 것과 마찬가지다. "나무를 심을 최고의 시기는 20년 전이었고, 오늘이 그다음이다."

또한 돈을 가장 효과적으로 키우는 방법은 자신이 어디로 가고 있는지도 아는 것이다. 키우기는 결국 미래와 연관되므로, 장기적인 사고방식을 갖는 것을 의미한다. 당신은 이미 은퇴 후 자신과 자신이 바라는 이상적인 삶을 가능하게 해줄 은퇴자금을 모으는 일이 중요하다는 걸 알고 있다. 키우기 능력이 바로 그 목표 달성을 도와줄 것이며, 투자가 은퇴자금 모으기에는 최고의 방법이다. 투자가 당신을 '당연한 백만장자'로 만들어줄 것이다. 그래, 백만장자다. 심지어 억만장자가 될 수도 있다.

현재 위치에서는 장차 어떻게 콤마가 여러 개 찍힌 은행 잔고를 보게 될지가 막연하기 때문에, 아마도 백만장자가 될 수 있다는 생각이 새롭고 낯설 수 있다. 그럼 간단한 비유를 하나 들어보자. 미국인은 평균 1인당 1년에 대략 1톤의 음식을 먹는다. 한 번에 그만큼의 음식은 절대 먹을 수 없다. 하지만 조금씩 365일 동안 하루도 거르지 않고 식사마다 일정량을 먹는다면, 별생각 없이도 달성할 수 있는 목표량이다. 백만장자가 되는 일도 똑같다. 소액이라도 꾸준히 시간에 투자하는 일은 쉽고 가능한 일이다.

그 수백만 달러가 들어 있는 계좌는 한 번에 다 먹어치워야 하는 산처럼 쌓은 음식이 아니라, 작고 꾸준한 행동을 통해 시간이 지나며 차곡차곡 쌓은 것이다.

사고방식과 목표는 키우기 능력에서 중요한 요소지만, 투자에 대한 실질적인 지식도 중요하다. 분명히 해두자면, 투자와 투기는 다르다. 게임스톱GameStop 사태(2021년 1월 미국의 개인 투자자들이 헤지펀드들의 공매도 투자를 비난하며 공매도가 많은 게임스톱 주식을 집중 매수해 주가가 급등하자, 이를 공매도한 헤지펀드들이 예상 밖의 주가 폭등에 따른 손실을 메꾸기 위해 다른 주식들을 대량 매도하면서 시장이 크게 빠졌던 사건)나 가상화폐 시장 폭락에 관한 머리기사들을 보며, 투자는 복불복이라는 결론을 내렸을 수도 있다. 하지만 그렇게 머리기사를 장식하는 투자 수단들은 명백한 예외에 해당한다. 그래서 얘깃거리도 생기는 것이다. 진정한 키우기 능력은 자극적인 기사들을 넘어 투자 세계 전체를 볼 수 있는 안목이다. 주식투자 전문가나 충동적으로 투자하는 미치광이가 될 필요는 없다. 매시간 혹은 매일 금융 뉴스들을 샅샅이 뒤질 필요도 없다. 어떤 대단한 리스크를 감수할 필요도 없다. '투자자가 된다는 것'은 시간을 활용하는, 확고한 자산 증식 계획을 수립하는 것이다.

돈을 키우는 능력에는 행동이 따라야 한다. 행동의 핵심은 수동적이지 말고 능동적이어야 한다는 점이다. 복잡하게 생각할 것 없이 정기적으로, 심지어 자동으로 투자하는 습관을 들이면 된다. 최대한 손쉽게 정기적으로 투자할 방법을 찾아라. 시작이 매달 20달러 자동 저축이라도 좋다. 시작도 하지 않는 것보다 낫고, 심지어 시작을 미루는 것보다도 낫다. 투자수익보다 값진 것이 바로 이런 습관이다. 반면 수동적이지 않는다는 말은 시장이 불확실해도 계획을 고수하는 일이다. 잃을 줄 아는 능력을 특별히 적용한다고 생각하면 된다. 바로 시작해도 좋다. 조바심 내지 않고, 포트폴리오가 아직 액수가 적다는 감정에 휩싸여 투자 결정을 내리지 않는 연습을 하면, 잃을 줄 아는 능력은 돈이 불어나며 함께 향상될 것이다. 이런 습관 기르기와 마음가짐 변화를 빨리 시작하면 할수록 잃기 능력도 확대될 것이다.

키우기 능력이 강력해지려면 장기적인 시야를 갖추어야 한다. 은퇴가 다른 지출처럼 임박한 문제가 아니더라도, 부 축적을 우선순위로 둔다는 뜻이다. 빚을 갚기 전에 자신을 위해 먼저 지출해야 한다. 앞에서도 이야기했듯, 부를 축적하는 데 빚은 걸림돌이 아니다. 두 마리 토끼를 다 잡을 수 있다. 어떤 빚이든 차차 갚아나가면 된다. 하지만 은퇴자금을 마련하는 일은 전혀 다른 문제다. 은퇴 연령이 되는 순간 시간의 힘은 당신에게 다르게 작용한다. 다급한 마음에 빚을 갚는 일에 집중하기 쉽다. 채무가 있으면 어떤 마음이 드는지 잘 안다. 집, 교육, 자동차, 몇달간의 신용카드 구매와 같은 뭔가 구체적인 것에 숫자가 붙어 있다. 거기서 느껴지는 기분은 다들 잘 알지만, 은퇴를 즐기는 기분은 대개 아직 모른다. 상상만 해봤을 테니까. 하지만 키우기 능력이 있다면, 다시 강조하지만, 감정이 재무 목표를 막아서게 내버려두지 않는다. 당신은 지금 당신 돈이 당신을 위해 일하게 할 일을 해나가고 있기 때문이다.

돈을 키우려면 단기 목표 때문에 원대한 장기 목표를 희생하면 안 된다는 점을 잊지 말아야 한다. 결국 자신이 내린 재무 결정의 결과를 떠안고 살아야 할 주체는 자신이므로, 누구의 '규칙'도 필요 없다. 나는 당신이 풍족한 삶을 살았으면 하므로, 당신이 어떤 식으로 투자하든 돈을 키우는 능력을 갖추었으면 좋겠다. 당신이 현재의 일상을 즐김과 동시에, 어떤 풍족함을 꿈꾸든 은퇴 후를 위한 억대 은퇴자금을 모아갔으면 좋겠다.

행동 과제
BEHAVIORAL TASK

다음 주 일정에서 30분을 따로 빼서, 그 시간을 여러 다른 투자 방법을 찾아보고 익숙해지는 데 써봐라. 궁금한 사항이나 용어들을 구글에서 찾아봐라.

PART 4

당신의 풍족한 삶을
다시 정의하라

CHAPTER 22

어차피 한 번 사는 인생

—

행복한 결말은 소원하여 얻어내는 것이지 아무에게나 허락되지 않는다. 디즈니 만화 공주님들도 마찬가지다.

잘 생각해봐라. 어느 디즈니 만화나 영화를 보든, 미래의 공주가 될 주인공은 처음부터 뭔가를 얻으려고, 하려고, 실현하려고 노력한다. '난 원해요'라는 가슴 속 깊은 염원을 담은 노래를 큰 소리로 부른다. 성이나 섬에 갇혀 있든, 시골에 살고 있든, 현상에 만족하지 않는다. 꿈이 있고, 어떤 역경에도 그 꿈을 향해 끊임없이 나아간다.

바로 그렇게 왕자가 있든 없든, 도와주는 요정이 있든 없든, 디즈니 공주님들은 '그 후로 행복하게 살았답니다'를 얻어낸다. 앞에 놓인 길 대신 원하는 걸 얻을 수 있는 길을 선택한다. 물론 만화고 영화지만, 자신의 꿈을 믿고 예정된 길에서 벗어날 때 얻는 힘에 관한 진정한 교훈을 알려준다.

현실에서 우리는 파랑새에게 노래하거나 저주를 풀기 위한 싸움을 (대개는) 하지 않지만, 우리가 생각하는 행복으로 가는 길에서 이룩하고 싶은 일련의 목표들이 있다. 그런데 참 많은 사람이 자신 내면의 소리에 귀 기울이지 않으며 그 길을 따라간다. 자기 자신이나 자신의 꿈을 알아보는 데 시간을 들이지 않는다. 우리에게는 '나는 원해요'라고 부를 노래가 없다. 한참을 걷고 난 후에야 내 인생이 '왜 이러지?' 하고 깨닫기도 한다. 바로 중년의 위기다.

다들 가는 길이 당신도 가야 하는 유일한 길은 아니다. 당신이 누릴 수 있는 최고의 삶으로 가는 길이 있고, 당신만이 그 길을 갈 수 있다. 남은 할 수도 없고 해주지도 않을 것이다. 꿈을 이룰 가능성을 높이고 싶다면, 삶을 의도적으로 설계해야 한다. 그리고 그때에서야 비로소 당신의 돈이 당신을 위해 기쁨과 풍족함을 낳아줄 것이다.

그렇다고 늘 뭔가를 더 하고, 더 열심히 일하고, 더 분투하라는 말이 아니다. 당신이 원하는 멋진 삶과 장단을 맞추라는 말이다. 매일 자신의 가치에 대한 명확함도 없이 이리저리 배회하거나,

내 가치는 모른 채 남의 가치를 위해 사는 대신, 지금은 어떤 사람이 되고 싶고 또 미래에는 어떤 사람이 되고 싶다는 확신을 하고 걸어가라는 뜻이다.

당장 큰 꿈을 그려내는 것조차 힘들다 하더라도 상관없다. 지극히 정상이다. 가능성 전체를 볼 수 있는 훈련을 받은 사람은 얼마 없다. 예정된 길에 놓인 하나하나의 계단은 우리가 '성공'을 어떻게 이해하도록 교육받았느냐에 따라 다르게 보일 수 있지만, 고등학교, 대학, 직업, 정착, 결혼, 출산 같은 계단들은 항상 어떤 표시가 되어 있다. 하지만 심지어 제대로 가고 있는지를 멈춰 생각해보라는 계단에는 그런 표시가 없다. 다른 방향을 시도해볼 수도 없거나 온 길을 돌아가 좌회전할 수도 없다. 그러면 실패로 간주하기 때문이다. 자기반성을 할 여지조차 없는 경우도 많다.

당신은 이제 그런 여지를 만들어볼 때다. 넘어지며 배우는 일에 좀 더 편해질 수 있고, 그 과정에서 무엇이 자신을 기쁘게 하는지 배울 수도 있다. 그 내면의 소리에 익숙해지고 마음 깊은 곳에서 바라는 것이 무엇인지 발견할 수 있다. 의도 없이 산다는 건 계획 없이 산다는 뜻이다. 어떤 재정 목표를 달성하면 행복할 것이라고 믿고, 열심히 일해 충분히 저축한다면 돈 걱정을 안 해도 될 때가 올 거라고 믿는 사람들이 많다. 그런 후에야 꿈과 목표 같은 것을 생각할 수 있다. 결국 공허한 승리만을 이어간다. 재정적인 진전이 보이지만 뭔가 께름칙하다. 행복할 거로 생각했던 것만큼 행복하지 않다.

당신이 그런 상황이라고 해서, 그 이유가 당신이 자신에게 가장 이로운 방식으로 행동하고 있지 못하기 때문은 아니다. 당신은 자기 파괴적이라든가 고의로 꿈을 짓밟고 있는 것이 아니다. 옳다고 생각하는 일을 하고 있을 수도 있다. 어느 순간엔가 제대로 된 어른·부모·시민이 되려면 현실적이어야지, 꿈을 좇으면 안 된다고 생각하게 되었다. 게다가 배우자나 자식이 있다면 '가족 먼저'라는 의무감에 모든 걸 가족에 바쳐야 한다고 믿기 때문에, 현실적이라는 건 돈 규칙을 따르는 것이라는 생각까지 하게 되었다(이러한 믿음은 남녀에서 공통으로 나타난다).

난 당신이 어떤 길을 걷고 있든, 앞에 어떤 길이 놓여 있든, 그 길이 유일한 길이라고 믿지 않았으면 한다. 크고, 의욕적이고, 신나는 당신만의 꿈을 품어도 된다고 말해주고 싶다. 무엇이 효과적인지 아닌지를 알려주는 그 내면의 목소리를 듣기 시작했으면 좋겠다. 계획 없이 살기보다는 현재와 미래를 의도적으로 계획하면 좋겠다. 어차피 한 번 사는 인생이지 않은가.

삶을 딱 한 번뿐이고, 전적으로 당신만의 것으로 생각할 때, 계획 없이 사는 것이 말이 되지 않는다는 걸 알아채게 된다. 계획 없는 인생은 당신이 가진 모든 에너지와 시간을 미리 정해진 단계를 밟아가는 데 쓰라고 강요한다. 해야 할 항목들이 모두 완료된 후에야 자신을 위한 계획을 세우라고 한다. 그때가 정말 어떤 인생을 살지를 꿈꿀 수 있는 때라고 말한다. 하지만 당신이 써버린 시간과 에너지는 돌려받을 수 없다. 모든 단계마다 당신이 쌓아가길 원하는 것들을 쌓아가는 게 인생이어야 한다.

당신의 시간과 에너지는 늘 당신이 가고자 하는 곳에 더 가까워지는 데 쓰여야 한다. 다들 가는 길은 결코 개인에게 맞춰져 있지 않다. 하지만 그 다들 가는 길에서 내려오는 것만으로는 부족하다. 먼저 할 일은 자신의 목적지를 명확히 하는 것이다. 어디를 가는지도 모르는데 도착 시기나 가능성을 어떻게 알 수 있겠는가. "흠, 뭐가 필요한지는 모르겠고 어디서 구할지도 모르겠지만, 뭐 일단 시동 켜고 나가보지"라며 차에 올라타는 사람은 없다. 잠깐 마트에 가든, 장거리 여행을 가든 목적지가 있다. 아니면 왜 괜한 기름 낭비를 하는가!

다시 강조한다. '딱 한 번' 사는 인생이다. 다른 사람들처럼 당신의 시간도 정해져 있다. 돈이 있으면 그 시간을 최대한 활용할 수 있지만, 돈이 시간을 더 만들어내진 못한다. 어떤 금전적 성공을 이루었건 제약이 따르고, 세계에서 가장 부자도 모든 것을 가질 수는 없다. 인생은 딱 한 번이기 때문이다.

돈, 손해와 이득, 혹은 우선순위를 정하는 일 등에 대한 생각을 멈출 수 있는 사람은 없다. 하지만 그렇게 받고 내어주는 일을 할 때, 자신이 원하는 것과 가치를 두는 것이 명확하면 그때 풍족함이 찾아온다. 가치와 목표가 분명하면 특정 선택이 결승점에 가까워지는 데 이로운지를 판단할 수 있고, 아니라면 다른 선택을 하면 그만이다.

하나를 얻기 위해 하나를 내어주는 일이 언제나 쉽고 편한 일은 아니다. 사람들 대부분이 그 불편함이 싫어서 재무 결정에 아무런 자기만의 가치 체계를 수립해놓지 않는다. '정말 내가 뭘 원하지?'라는 질문에 솔직히 답하면 복잡하고 성가신 문제가 생길 거로 생각해서인지도 모른다. 스스로 원하는 것이 무엇인지 안다는 건 그걸 쫓을 수밖에 없음을 의미하니까. 변해야 하고, 그것도 많이 변해야 할 수도 있다. 재정적으로 안정되었을 수도 있고, 괜히 풍파를 일으키고 싶지 않을 수도 있다. 아니면 벌이가 괜찮아서 이상적인 삶을 위해 더 벌어야 한다는 데 간절함이 없을 수도 있다. 혹은 직장, 집, 자녀, 배우자 등 '모든 것'이 자신들이 선택한 것이라는 사실을 직시해보면, 현상을 유지하는 이유는 '선택'했기 때문이지 의무감 때문은 아닐지도 모른다.

이런 모든 것을 고려해봤을 때, 자신에게 자기 결정력이 없다고 말하는 편이 마음이 좀 더 편해지는 길일 수 있다. 지금은 어쩔 수 없지만, 미래에는 결국 인생을 즐길 수 있게 될 거라고. 하지만 지금도 전적으로 가능하다. 또한 그래야만 하고 신나는 일이다.

인생의 모든 단계에는 그 순간만의 독특한 아름다움이 있다. 하지만 꿈꾸는 어떤 미래에만 집착하면, 그런 순간을 만끽하지 못하고 놓치게 된다. 난 엄마가 된 순간부터 늘 다음을 생각했다. '나중'을 계획하고 '나중'을 대비해 행동했다. 내가 원하던 모든 것을 아직 갖지 못했었다. 하지만 소소한 순간들을 즐기라고 나 자신을 일깨울 수 있었다. 그네를 밀어주고, 작은 얼굴에 내 얼굴을 비비고, 어린이집에서 같이 그림 그리고 놀아주는, 알렉시스와 같이 있는 그 모든 시간이 황홀했다. 모든 순간이 행복이었다. 내가 사랑하는 삶을 살고 있었다.

그런 삶을 누릴 수 있던 이유는 상황을 이겨냈기 때문이 아니라, 상황 덕분이었다. 바퀴벌레들과 살던 아파트를 벗어나긴 했지만 주머니 사정은 여전했다. 비싼 인형과 여행 대신 알렉시스와 일대일로 더 많은 시간을 보낼 수 있었다. 알렉시스가 영원히 아기가 아닐 거라는 걸 알았고, 알렉시스와 단둘이서 있는 시간을 최대한 즐겁게 보내지 못한다면, 내가 인간으로 태어나 살아온 삶은 불완전할 거라는 것도 알았다. 매 순간 내가 원하는 걸 선택하고 있었기 때문에 신도 나는 시기였다. 일상에서 기쁨을 얻으면서도, 앞으로 다가올 미래의 기초도 닦아가고 있었다. 우리가 사는 인생은 딱 한 번이라는 말의 의미이다. 균형을 찾아라. 현재를 즐기고, 또 미래를 준비해라.

행복해지려고 미래의 목표를 바라보는 건 우리가 가진 자연스러운 성향이다. 대부분 사람은 상상한 미래와 비교할 때 빼고는 현재를 생각조차 안 한다. 현재를 상대하기는 싫고, 미래가 이미 여기 와 있으면 한다.

우리가 바라는 건 불가능함이다. 당신이 바라는 미래는 지금과 그 사이에 있는 시간을 거치지 않고는 절대 갈 수 없다. 하지만 더 큰 바람, 즉 풍족하고 기쁜 삶은 실현 가능하다. 삶이 동화는 아니지만, 살아가면서 순간순간 마주하는 마법이 있다. 그걸 볼 수 있느냐는 당신에게 달렸다. 하루하루가 당신이 당장 어떻게 살지를 의도 있게 주도할 기회다. 목표를 달성해온 순간들뿐만 아니라 삶의 모든 순간을 즐길 수 있기 때문이다.

지금을 풍족하게 사는 법을 배워라. 매년, 모든 계절, 인생 전체를 즐겨야 한다는 걸 잊지 말아라. 얼마나 살지는 아무도 모른다. 무엇보다도 은행 잔고에 상관없이 당신이 바라는 삶과 똑같이 보이고 느껴지는 삶을 만들어낼 수 있다는 점도 기억해라.

당신에게는 그럴 능력이 있다. 시간이 걸리겠지만 지금 바로 시작할 수 있다. 내일 말고 당장 오늘, 당신의 삶을 완전히 바꾸려면 어떤 걸 희생하고 어떤 걸 얻을지를 생각해봐라. 당신이 그리는 이상적인 미래를 위해 달려가면서도 그 여행의 모든 순간을 즐길 수 있다.

당신은 시작만 하면 된다.

CHAPTER 23

당신 삶의 비전

—

현재 당신의 삶은 당신이 바라는 삶, 당신의 이상적인 삶에 얼마나 닮았나?

이 질문에 이상적인 삶이 어떤 모습일까를 한 번도 생각해본 적이 없다는 걸 깨달았다면, 안심해라. 혼자만의 문제는 아니다. 꽤 많은 사람이 장차 원하는 것들에 집착해 오늘의 즐거움을 먼 미래로 미루지만, 딱히 어떤 미래일지는 구체적으로 생각해보지 못한다. 미래의 이상적인 삶의 측면을 현재의 삶에 녹여내지 못하는 이유는 미래에 대한 명확한 그림이 없기 때문이다. 내가 수강생들에게 왜 아직 미래 비전의 윤곽을 잡아보려 하지 않았냐고 물으면, 대개는 쭈뼛하며 답을 하지 못했다. 한 번도 '해야 할 일'이라고 깨닫지 못한 것이다.

어릴 때는 늘 미래를 생각한다. 주변에서도 큰 꿈을 꾸라고 한다. 크면 뭐 하고 싶으냐는 질문을 받는다. 친구들과 어느 대학에 가고 싶고, 어떤 전공을 해서 어떤 직업을 갖고 싶다는 이야기를 나눈다. 하지만 다 크고 나면 그런 미래에 관한 이야기를 갑자기 멈춘다. 어느새 어른이 되어 직업도 생겼고, 저 멀리 밟아갈 단계들도 보이고, 책임도 생기고 기대도 받는다. 더는 아무도 우리가 자라면서 받았던, 늘 꿈꾸고 변화하고 원하는 것을 추구하라고 상기시켜주지 않기 때문에, 우리가 아직 자라고 있음을 잊어버린다. 우리에게는 아직도 어릴 적만큼 우리의 삶을 새롭고 흥미롭게 바꿔나갈 능력이 있다. 가능성이 무한하다고는 못 해도 어린 시절 우리 앞에 놓여 있던 만큼 충분히 존재한다. 어떻게 찾았었는지만 기억해내면 된다.

아마 가능성이 있다는 걸 알지만 아직 감히 엄두를 못 낼 수도 있다. 큰 꿈을 꾼다는 건 모험이니까. 겁이 나는 일이다. 어렸을 때 꾸는 큰 꿈은 흥분되지만 또한 어느 정도 안전이 담보되어 있다. 실질적인 기대도 없고, 잃을 것도 없다. 하지만 성인이라면 꿈을 꾸면 실패할 수도 있다. 하지만 실패를 두려워하면 이미 실패한 것이나 다름없다. 시도하지 않는데 어떻게 뭔가를 이룰 수 있단 말인가. 인생 역전의 꿈이 마음속에서 피어날 때, 실패에 대한 두려움을 자동으로 생각하지 마라. 이렇게 자문해라. "시도해보고 실패한 나를 돌아보는 편이 나을까, 아예 시도도 안 해보고 놓친 기회를 한탄하는 편이 나을까?"

아니면 바빠서일 수도 있다. 신경 쓸 일이 너무 많은 게 당연하다. 하지만 자신의 '단 한 번뿐인 신나고 귀중한 인생'에서 무엇을 원하는지를 파악하는 것이 우선순위를 정하고 주어진 시간을 제대로 활용하는 최고 방법의 하나다. 오늘 밤 넷플릭스 영화 한 편을 보는 대신, 영화 같을 자신의 삶을 상상해보면 어떨까? 상상력을 동원해 자신이 원하는 모든 멋진 것들을 그려내 보는 것이 영화나 드라마를 보는 것만큼 즐거울 수 있다. 아니면 좀 더 쉬운 방법으로, 오늘 하루를 상상해보라. 기회가 된다면 어떤 걸 개선할 수 있을까? 어떤 걸 바꿀 수 있을까? 이 훈련을 재밌다고 생각해라. 재밌으니까. 상상의 날개를 활짝 펴면 일종의 나비효과가 찾아든다. 매주 단골 미용실에서 받던 발톱 관리라도, 버스 타고 20분 거리라면 굳이 발에 땀을 흘려가며 갈 필요가 없다고 생각할 수도 있다. 자동차가 있어 운전해 갈 수 있다면 어떨까? 그런데 아파트에 딱히 주차할 곳이 마땅치 않다. 그럼 길 건너 새로 올라간 고층 아파트로 이사한다면?

어떤 것이라도, 그 무엇이라도 가능하다. 한 번 더 가능성을 연습해라. 내면에서 너무 비싸다거나 시간 낭비라고 중얼거리는 작은 소리가 들린다면, 지금은 부드럽게 '쉿' 하고 대꾸해줘라. 다시 실용성 문제를 따질 때가 올 것이다.

이 순간에도 여전히 주저하는 사람들이 있다. 비전이 마음속에 그 모습을 갖춰간다고 볼 수도 있지만, 어떻게 A 지점에서 B 지점으로 갈지를 모른다. '방법'을 모르니 '무엇'에 대해서도 고민하려 들지 않는다.

하지만 그 비전을 이루는 방법에 있는 모든 것을 속속들이 알 필요는 없다. 방향만을 생각하고 다음에 할 수 있는 가장 작은 일을 찾으면 된다.

헨리 포드가 했던 말, "당신이 할 수 있다고 생각하든 할 수 없다고 생각하든, 그 생각은 옳다"를 기억하는가. 여기에도 들어맞는 말이다. 자신이 품은 비전이 '불가능해 보인다'라거나 '과하다'고 피하면, 시작도 안 해보고 포기하는 것이다. 방법을 모른다는 사실에 파묻혀, 그릇된 믿음을 기정사실인 양 받아들이는 꼴이다.

하지만 자신의 삶을 위한 비전을 품게 되면, 막 문을 연 것과 같다. 뇌가 원한다고 하는 걸 갖게 놔두면, 뇌는 무의식중에 달아올라 그 방법을 찾기 시작한다. 이상이 없을 때는 차단해버리거나 무시했던 기회가 눈에 들어오기 시작할 것이다. 그 새로 들어선 아파트를 지나며 전단을 집어 들 것이다. 판다는 광고를 붙여놓은 차가 눈에 들어올 것이고 나중에 전화하려고 번호를 저장해둘 것이다. 사내 승진 공고 이메일을 휴지통에 버리는 대신 직무 내용을 자세히 읽어볼 것이다.

당신은 당신 마음속 깊이 멋지고 흥분되는 바람이 있다는 걸 안다. 하고 싶은 것들, 경험하고 싶은 것들, 해보고 싶은 것들. 새 직장으로의 이직일 수도 있고, 하루 정도 살아보고 싶었던 동네로의 이사일 수도 있다. 그간 즐겨왔지만 이제는 매일 즐기고 싶은 것들도 있을 것이다. 찻집을 열고 싶었을 수도 있고, 아이들 키우기 좋은 그 예쁜 해안가 마을로 이사했으면 해왔을 수도 있다. 바람이 더 구체적이고 상세할수록 그 바람을 이루는 데 무엇이 필요한지 더 명확해지고, 행동으로 옮길 가능성도 커진다.

당신이 현재와 미래 모두에 자신의 '풍족한 삶'이 어떨지에 대한 뚜렷한 시각을 갖길 원한다면, 자신을 위해 정의한, 자신이 원하는 방식으로 펼쳐졌으면 하는 그 이상적인 삶을 실제 경험해봐야 한다. 이 훈련은 만족을 미루거나 멀리 있는 목표를 이루기 전까지 행복하지 말라는 소리가 아니다. 원하는 바를 구체적으로 판별하고, 그 원하는 바를 이루는 방식으로 하루하루를 살라는 말이다. 기억해라. 목표는 미래를 위한 자산을 쌓아가면서 지금 사랑하는 삶도 구축할 수 있는 전체적인 계획을 세우는 것이다.

그럼, 이제 마음속에 그려볼 때다. 날 따라와 보라. 당신이 100살이고 죽음을 눈앞에 두고 있다고 상상해봐라. 사랑하는 사람들이 지켜보고 있고, 편안하고 평온하고 감사함으로 가득하다. 다시는 없을 만큼 충만했고 즐거웠던 자신의 놀라운 삶을 돌아본다. 안 해본 일이 없다. 모든 꿈을 좇으며 충만하게 살았다. 이제는 정말 더 바라는 것도 없다. 그런 삶이 어때 보이나? 당신은 무엇을 했나? 무엇을 경험했나? 무엇을 보았나? 누구를 사랑했나? 평생 주변에 어떤 이들이 있었나? 몰두했던 직업은 무엇이었나? 어떤 일에 열정을 쏟았고, 무엇을 이루었고, 무엇에 실패했고 그 실패에서 무엇을 배웠나? 충만하고 아름다웠던 100년 인생에서 입이 귀에 걸릴 만큼 당신을 활짝 웃게 만든 건 무엇이었나?

미래에 대해 당신이 가진 비전이 장차 당신이 누릴 최고의 삶으로 가는 길을 비춰줄 테지만, 그 비전은 시간이 가며 변할 수도 있고 변할 것이라는 걸 명심해라. 당연한 일이니 걱정할 필요 없다. 아주 오래전 내 장기 목표에는 대법관이 되는 것도 있었지만, 지금은 사람들 인생의 변화를 돕는 일을 하는 탄탄한 기업을 구축하는 일이 핵심이다. 그간 내가 한 선택에 지금도 만족하는 이유는 당시 나만의 가장 최신 비전을 염두에 둔 선택이었기 때문이다. 따라서 당신도 당신이 꿈꾸는 최고의 미래 삶이 어떤지를 점검하는 이 연습을 최소 1년에 한 번은 다시 해보기를 권한다.

아직 자신이 뭘 원하는지 모르겠거나 비전을 그릴 다른 방법이 필요하다 해도 걱정하지 마라. 자신의 진정한 욕구를 콕 짚어내는 일은 쉽지 않으며, 특히 큰 시각에서 그려보는 일에 익숙하지 않으면 더욱더 그렇다. 하지만 현재 당신이 서 있는 바로 그 위치에서 시작해도 당신이 바라는 풍족한 삶의 모든 면을 그려볼 수 있다.

다이어리를 다시 꺼내 당신의 현재 삶을 살펴보자. 상황은 어떤가? 무엇이 잘 풀리고 있고 무엇이 잘 안 풀리고 있나? 미래 계획은 아직 서두를 필요 없다. 지금 삶을 그대로 살펴보고, 어떤 측면들을 바꾸고 싶은지 생각해봐라. 어떤 면이 실망스럽거나 자신을 우울하게 만들거나, 그냥 마음에 들지 않는가? 내가 말하는 '기회의 영역'을 찾으면, 무력하다는 모호한 기분에 젖어 있는 대신 바꿀 수 있는 것이 무엇인지 정확히 찾아냈다는 의미이기 때문에 큰 동기부여가 될 수 있다.

현재 잘 풀리고 있는 일이 있다면, 지금 하는 이 연습이 자신이 무엇에 흥분하게 되는지를 파악하는 데 도움이 된다. 무엇이 자신에게 기쁨을 안겨주는지를 아는 것이 1년 지출 계획 수립 시 우선순위가 명확해지는 방법이다(30장에서 다시 자세히 논의하겠다). 하지만 가장 가치 있게 생각하는 것 외에 또 자신에게 무엇이 중요한지를 생각해보고, 최우선과 차선을 함께 고려한 지출 결정을 내릴 수 있는 시작점이기도 하다.

이상적인 삶이라는 비전을 세울 때는 글로 적어보면 효과적이다. 다음 단계의 우선순위를 정하고 가는 방향을 명확히 이해하는 데 도움이 될 수 있기 때문이다. 나는 변호사로 일하던 몇 년 전 이 연습을 했었다. 당시 나는 미국의 주요 금융규제안을 작성할 팀에 발탁됐었다. 하지만 내가 운영하던 회사가 가파르게 성장하고 있었고, 워싱턴 DC로 장시간 통근에 지쳐가고 있던 차였다. 내가 법조계에 몰두하길 원하나? 아니면 내려놓고 전업 경영자가 돼볼까? 내 삶에서 내가 기대하는 걸 생각해봤다. 가족과 시간을 보내고 싶었다. 사람들이 자산도 쌓으면서 원하는 삶도 만들어가는 일을 돕고 싶었다. 본업에 딸린 출퇴근 시간과 긴 근무 시간은 그런 내 꿈을 이루는 데 도움이 안 된다는 것도 알았다. 내가 어떤 결정을 했을지는 짐작이 갈 테고, 당연히 옳은 결정이었다.

인생을 살며 갈림길을 만날 때마다 어느 한쪽은 포기해야 한다. 그때 당신의 비전을 어떻게 활용하는지 살펴보자. 첫째, 각각의 길이 가진 단점을 찾아라. 어느 하나를 포기하고 다른 하나를 선택해도 단점이 없을 수는 없고, 결국 목표는 어느 한 길이 가진 단점이 가지 않을 다른 길이 가진 단점만큼 크지 않고, 특정 결과에 도달하는 데 투입될 노력이 감수할 만한 정도의 노력인지를 파악하는 것이다. 예를 들어 도시와 시골 중 어디에 집을 사느냐를 결정할 때, 저울 한쪽에 보이는 단점은 소음과 가격 대비 작은 집이고, 다른 쪽에는 자주 할 수밖에 없는 배송과 가까운 시내도 운전해서 오래 가야 한다는 점이다. 어쨌든 북적거리는 문화 중심지에 살고 싶다면, 소음과 집 크기에 대한 타협은 그만한 가치가 있다. 하지만 이상적인 삶이 밤하늘에 무수한 별과 한적하게 걸을 수 있는 공간이라면, 길어진 통근 시간이나 주 7일 배송은

그만한 가치가 있다. 원하는 걸 최대한 많이 얻어내고, 원치 않는

걸 최대한 덜 받는다면, 그 교환의 대가는 훌륭하다.

행동 과제
BEHAVIORAL TASK

100살이 된 자신을 되돌아보는 연습을 해보라. 몰두할 수 있는 30분을 할애하고 다이 어리도 챙겨라. 그 30분 동안, 100살이 된 자신이 큰 웃음을 지으며 뒤돌아볼 삶을 상 상해봐라. 아래 질문도 참조해 영감을 얻길 바란다.

- 40대, 50대, 60대 때 당신의 삶은 어떤 모습이었나? 70대, 80대, 90대는?
- 무엇을 이루었는가?
- 가장 아끼는 추억은 무엇인가?
- 늘 당신 옆에 서 있던 사람은 누구인가?
- 하루하루 일상은 어떤 모습이었나?
- 가장 자랑스럽게 여기는 것이 무엇인가?

떠오르는 모든 생각을 적되, 최대한 자세하게 적어라. 이 연습의 끝이 보이면서 당신 이 바라는 이상적인 삶에 대한 비전도 훨씬 더 명확해질 것이다.

CHAPTER 24

재무 목표와 인생 목표 세우기

—

바라건대 이제 비전이 명확해졌다면 당신을 기다리는 삶에 흥분될 것이다. 큰 꿈을 꾸고 있다는 사실에 두렵기도 하고 가슴이 벅차오르기도 할 것이다. 훌륭하다. 제대로 하고 있다는 뜻이다.

다음 단계는 그 비전을 구체적인 목표로 나누고, 그 구체적인 목표를 다시 실행할 수 있는 단계로 쪼개는 것이다. 일단 어떤 행동을 취해야 할지가 명확해졌으면, 행동마다 얼마 만에 달성할 수 있을지 시간을 정할 수 있고, 실행에 옮겨가며 그 시간 계획상 발전 속도를 가늠할 수 있다. 자 이제 힘든 일은 마쳤으니 시작하기만 하면 된다.

이 목표 설정 과정이 이전에 해본 방법들과는 다를 수도 있다. 대개 목표는 측정 가능해야 한다고 믿고, 목표를 제대로 정의해야 이루기도 쉽다는 것도 사실이다. 하지만 그런 기준을 잡고 시작한다고 동기부여에 큰 도움이 되는 것은 아니다.

예를 들어 당신이 매달 100달러를 저축하겠다는 목표가 있다고 하자. 액수도 시간도 구체적이다. 하지만 동기가 무엇인가? 왜 매달 100달러를 저금하려 하는가? 그렇게 모은 돈으로 뭘 하려는가? 우선 이런 질문에 대답하지 못한다면, 이 훌륭한 계획은 결국 '저축을 위한 저축' 습관이 되기 쉽다. 즉, 체계와 명확한 기준이 중요하기는 하지만, 그것들만으로는 지속력이 약하다. 식지 않는 동기는 최종 결과에 대한 명확한 비전에서 온다.

그래서 삶의 비전에서 출발해야 한다. 구체적으로 무엇을 할지를 결정하기 전에, 그런 행동들로 어떤 목표를 달성할지와 왜 그 목표 달성이 중요한지를 먼저 알아야 한다. 사업가 스티븐 R. 커비Stephen R. Covey는 자신의 베스트셀러 『성공하는 사람들의 7가지 습관』에서 '끝을 아는 시작'이라는 말을 했다. 목표를 향해 달려가며 늘 잊지 말아야 할 개념이다. 끝을 알고 시작하면 어떤 행동을 했을 때 그 행동이 결승점에 당신을 더 가까이 데려다줄지 아닐지를 즉각 알 수 있다. 이렇게 당신이 취하는 모든 행동에 큰 시야가 확보된다. 매달 100달러 저축이 일생에 한 번뿐인 킬리만자로산 여행 자금을 모을 목적이라면, 송금할 때마다 그 꿈같은 휴가를 생각하며 작은 기대감에 취할 것이다. 그 구체적이고 의도를 갖고 나아가는 저축의 끝 장면이 저축에 대한 긍정적인 태도를 키워줄 것이다. 별다른 의미가 없는 저축은 돈을 쌓아두는 것에 불과하다. 구체적인 목적이 없는 수단일 뿐이다.

끝을 염두에 두고 시작하면 인생에 대한 매력적인 비전에만 좋은 것이 아니다. 비전에 장기적 시야를 장착하면 일상의 재무 판단에도 의미가 부여된다. 만약의 가전제품 교환을 대비해 채무상환자금에 100달러를 넣어둔다면, 1달러 저금할 때마다 결국 교체비로 쌓일 테니 냉장고가 고장 나 허둥지둥해도 되지 않는 삶에 더 가까워진다는 걸 안다. 결국 동기가 훨씬 더 강해진다. 아무 이유 없이 저축하고 있는 것이 아니니까. 스트레스가 덜한 미래를 자신에게 선물하려고 준비하고 있는 셈이다.

인생의 비전을 갖고 출발하면 유연성도 늘어난다. 인생은 깜짝 놀랄 일투성이고, 그럴 때마다 맞춰가야 한다. 목표를 명확한 행동과 기준에 맞추어놨는데, 그 목표가 타당하지 않으면 처음부터 다시 시작해야 할 수도 있다. 당신이 일주일에 세 번 공원까지 달리기하기로 했다고 해보자. 인도가 없는 차가 많이 다니는 길에 있는 고층 아파트에 이사했다면 더는 실행할 수 없는 계획이다. 하지만 그 달리기 목표가 건강해지기 위한 비전에 근거했다면, 좀 더 유연하게 대처해 근처 체육관에 등록한다든가 거실에 요가 매트를 펴면 그만이다. 비전을 잊지 않고 있으므로 비전을 향해 달려가고 있다.

비전과 목표의 이 관계에 비춰 모든 걸 총망라하는 그 비전을 두 종류의 목표로 나누어보자. 바로 재무 목표와 인생 목표다. 풍족한 삶을 이루려면 둘 다 필수요소이며, 둘 다 돈이 든다. 재무 목표는 현재와 미래의 안정성을 담보해주고 필수 욕구를 채워준다. 긴급자금 마련을 완성한다든지 매달 최소 투자율을 달성하는 것과 같은 기점이 되는 목표들도 포함된다. 이상적이라고 그리는 삶은 개인마다 차이가 있겠지만, 재무 목표 달성은 모두의 공통 과제다. 누구나 탄탄한 재무 기반이 필요하고, 누구나 어느 순간에는 은퇴를 원하거나 필요로 한다. 개인별 차이라면 긴급자금 액수, 월 최소 투자액 등 목표 달성에 필요한 금액이다.

반면 인생 목표는 개인적이고, 어디에 살지, 어떤 일을 하고 싶은지, 아이는 몇 명을 낳아 키우고 싶은지, 여행은 얼마나 다니고 싶은지, 심지어 어떤 종류의 차를 몰고 싶은지와 같은 것들이 포함된다. 자신에게 기쁨을 주고, 삶을 특별하고 의미 있고 재밌게 해주는 목표들이다.

내가 경험한 바로는 이 두 개 중 대개는 재무 목표를 직관적으로 바로 합리적이라고 이해한다. 사람들 대부분은 만일의 경우나 긴급자금에 대해 익숙하기 때문이다. 하지만 내 방식의 치이는 셈을 하면서도 삶의 목표를 항상 최우선으로 삼으라는 것이다. 통상의 '저축을 위한 저축' 태도보다 안정성 확보와 리스크 최소화가 더 큰 목적이어야 한다(이에 대해서는 26장에서 더 이야기하겠다).

하지만 인생 목표는 더 크고, 광범위하고, 더 먼 얘기처럼 느껴진다. 자신의 재무 상황과의 연관성이 뚜렷하지 않을 수도 있다. 하지만 모든 결정이 금전적 결정이라는 것을 잊지 말아라. 이상적인 삶을 그린다는 것은 구체적인 재정 현실을 그리는 것이다. 당신은 시애틀이 여름이 아름답고, 해안 도시치고는 생활비가 그리 비싸지 않고 자연에 둘러싸여 있어서 그곳에 살고 싶다고 해보자. 어디 살지를 구체적으로 알고 있다는 것만으로도 목표액을 구체적으로 잡을 수 있는 데 한 발짝 더 가까워진 셈이다. 당신은 시애틀이 아이오와주의 작은 동네 디모인보다 생활비가 더 들거라는 걸 안다고 해보자. 또 매일 아침 일출을 보며 아침을 맞이하길 좋아해서 고층 건물에 살았으면 한다. 그렇다면 오늘 당장 시애틀 고층 건물 월세가 얼마인지 알아볼 수 있다.

어디에 살지, 어디를 여행할지, 어디에 별장을 지을지와 같은 큰 계획에만 해당하는 이야기는 아니다. 당신이 마라톤을 뛸 생각으로 훈련한다고 해보자. 가슴에 달 번호표를 받기 위해 참가비를 내야 하고 새 달리기 신발을 사야 할 수도 있다. 하지만 목표를 이루는 데 필요한 지출이 그뿐만은 아니다. 훈련할 시간을 내려면 (따로 시간을 할애해야 하니까) 직장에도 영향을 줄 수 있고, 가사 도우미, 밀키트, 육아 도우미 같은 시간 절약 대책과 편의용품에 지출해야 할 일이 발생할 수도 있다(그래야 마라톤 참가라는 그 새로운 계획을 매일 순조롭게 추진해갈 수 있을 테니).

두 가지 예 모두 당신이 어떤 삶을 살기를 원하느냐에 기반을 두지만, 둘 다 역시 돈 문제가 개입되고, 이는 두 가지 측면에서 그 두 가지 예를 측정할 수 있다는 뜻이다. 즉, 목표에 드는 비용과 달성하는 데 드는 이상적인 소요 시간이다.

피부로 와 닿을 만한 예로 살펴보자. 당신이 '내 인생 목표는 여행을 더 하는 거야'라고 결심했다고 하자. '더'가 정확한 수치도 아니고, '시간'에 대한 이야기도 전혀 없으니 제대로 된 인생 목표가 아니다. 그래서 다시 내년 5월까지는 카리브해 국가 바하마로 유람선 여행을 가기로 구체적으로 정한다. 꽤 구체적이다. 인터넷 검색을 조금만 해봐도 꿈의 유람선 여행이 얼마인지 계산이 설 테고, 5천 달러라는 결론이 나왔다고 하자. 이제 인생 목표가 생긴 것이다. 구체적인 금액과 기한이 있으면 계획하고 행동할 수 있고, 목표 달성도를 꾸준히 점검할 수 있다.

또 다른 일반적인 사례가 있다. '편안한 삶을 살기'라는 목표를 가진 사람들이 많다. 하지만 너무 모호하다. 누군가에게 편안한 삶이란 연 소득 10만 달러일 수 있고, 다른 누군가에게는 100만 달러 이상일 수도 있다. 혹은 어딜 가든 말 그대로 몸이 편안했으면 하고 집에 방마다 몸에 딱 맞는 빈백beanbag 소파가 하나씩 있는 삶을 원할 수도 있다. 구체적인 사항들이 다 다르지만, 그 구체적인 사항들이 중요하다. 계량화가 다르게 되기 때문이다. 10

만 달러로 장차 편하게 살려고 저축하는 것이 100만 달러일 때보다 훨씬 쉽다. 방마다 편안한 소파를 들이는 일은 또 더 쉽다.

분명히 해두고 싶은 건, 측정할 수 있는 인생 목표를 세운다고 잔돈 한 푼까지 계산하라는 뜻은 아니다. 대략적인 숫자를 조사하는 것이 차후 세부적으로 파고들기 더 빠르고 쉬울 수 있다. 1년 사이, 메인주에서 애리조나주로 이사하기로 마음먹었다면, 해야 할 굵직한 단계들부터 먼저 파악해야 한다. 이사할 곳을 찾아서 이사부터 해야 한다. 이런 식으로 해야 할 목록을 만들어가라. 그런 다음 메인주의 주택 가격, 장거리 이사 비용, 심지어 집을 보러 다닐 때 들 경비 등 항목마다 얼마나 들지를 찾아봐라. 만약 눈에 들어온 휴가지가 있다면, 항공료, 호텔비, 밥값 등을 조사해볼 것이다. 자녀 대학 학자금도 이런 식으로 따져볼 수 있다 (물론 훨씬 더 고려할 사항이 많은 건 사실이다. 자녀가 몇 살이냐에 따라 앞으로 20년을 내다봐야 할 수도 있지만, 기준으로 쓸 만한 온라인 계산기가 있어 대략의 액수는 얻을 수 있다). 요지는 모든 것에는 가격표가 붙어 있고 구글이라는 친구가 있으니 큰 꿈도 작은 단계로 나누어 살펴볼 수 있다는 것이다.

목표를 숫자로 볼 수 있는 또 다른 방법은 그 특정 목표에 어느 정도 지출을 할지를 정하는 것이다. 조지프와 내가 딸 알렉시스에게 차를 사주겠다고 결정했을 때, 우선 얼마를 쓸지부터 정했다. 또한 안전장치, 차의 크기 같은 세부 사양도 꼼꼼히 정했다. 그다음은 예산에 맞고, 최대한 우리가 원하는 특징을 가진 차를 찾기만 하면 됐다. 마찬가지로 당신이 어딘가 햇살이 좋고 백사장이 펼쳐진 곳으로 휴가는 가고 싶은데 장소를 정하지 못했다고 하자. 카리브해에 있는 세인트루시아 섬도 좋고 피지도 좋다. 이럴 경우 휴가비로 얼마를 지출할지만 결정하면 선택 폭을 좁힐 수 있다.

마지막으로 목표를 이룰 시간을 정해야 한다. 그 시간은 탄력적인 경우가 많다. 언젠가 파리가 정말 가보고 싶은데 아직 구체적인 계획을 잡지 못했다면, 차차 해도 되고, 심지어 80대가 되어서도 상관없다. 시간에 좀 더 메이는 목표들도 있다. 디즈니 캐릭터 모아나를 보여주려고 딸을 디즈니월드에 데려가고 싶다면, 스물여섯 살짜리 딸보다 여섯 살짜리 딸이 훨씬 더 기뻐할 것이다. 대학교 학비도 마찬가지다. 학기가 시작하기 전에 학비를 내야 하는데 시간에 쫓기다 보면 여행 적금을 깨야 할 수도 있다. 마찬가지로 결혼식 같은 가족 행사를 치를 돈이 부족하면 예기치 못한 신용카드 대출을 받아야 할 수도 있고, 심지어 그 행사 자체가 완전히 무산될 수도 있다. 그러니 목표마다 시간 계산을 할 때는 시간에 구속당하는 목표들은 미리 목표를 염두에 둔 조처를 해가고, 그 사이사이에 시간 여유가 있는 목표들을 끼워 넣어라.

어쩌면 목표가 너무 많고 그에 따른 지출 계획과 시간 계획이 넘쳐날 수도 있다. 그 많은 목표를 한꺼번에 이루기에는 가진 돈이 부족하다는 판단에 기분이 상할 수도 있다. 하지만 모든 목표를 동시에 준비해갈 필요는 없고, 사실상 비생산적이기도 하다. 신경 쓸 게 너무 많아 머리까지 아파올 것이다. 대신 우선순위를 정해라.

무엇이 먼저인지를 정하는 데 비결 같은 건 없지만, 결정 능력을 활용하는 데 익숙하지 않다면 엄두가 나지 않을 수도 있다. 결정 능력과 우선순위 판단 능력은 서로 연관되어 있어, 의사결정을 자주 해보지 않았다면 우선순위를 정하는 일도 낯설 가능성이 크다. 그래서 모든 걸 한꺼번에 다 할 수 없음을 기억하는 것이 중요하다. 통제할 수 있는 건 바로 지금 당신의 관심을 받는 목표들이고, 어떻게 당신의 가치가 그 목표를 이룰 수 있는 동기를 자신에게 부여하느냐다. 자신이 '직접' 할 일을 결정하는 그 질서에 만족하면, 우선순위 정하기도 편해질 것이다.

사려고 마음먹은 물건이나 경험에 지출하려고 잡아놓은 액수가 시간이 가면서 변할 수 있다는 점도 놓치지 마라. 예를 들어 나는 처음에는 차 구매에 대략 5천 달러 정도를 잡았었다. 하지만 지금은 자산 축적과 앞으로의 내 인생과 수입 잠재력에 좀더 자신이 생겨, 정말 좋아하는 차에 기꺼이 더 큰 돈을 쓸 의향이 생겼다. 당신도 나 같을 수 있다. 그러니 시간이 가며 쓰고 싶은 액수가 조금씩 올라가거나, 당신 목표에 몇 년 전이었다면 기절초풍할 가격표가 붙어버렸다 해도 염려할 것 없다. 크기, 숫자,

가격 그 어느 것에도 고유의 도덕성 같은 건 없다는 걸 잊지 마라. 얼마나 당신이 가치 있게 생각하고 그것이 당신에게 얼마나 가치 있는지만 있을 뿐이다.

행동 과제
BEHAVIORAL TASK

다이어리나 노트를 꺼내 선 3개를 가로로 그려라. 한 칸은 목표, 한 칸은 비용, 한 칸은 시간을 적을 난이다.

먼저 맨 왼쪽 칸에 생각나는 모든 인생 목표를 적어봐라. 아래 목록을 보면 적는 데 도움이 될 것이다.

- 살고 싶은 곳들
- 가보고 싶은 도시들과 국가들
- 배우고 싶은 기술이나 취미들
- 후원하고 싶은 대의명분이나 단체들
- 주변 사람들에게 주고 싶은 선물들

다음은 비용과 시간이다. 떠오르는 대로, 각각의 목표에 해당하는 비용과 예상 시간을 채워 넣어라. 예를 들어 자녀들이 다 크기 전에 고향에 계신 부모님을 가족과 함께 방문하고 싶다면, 애들이 열여덟 살이 되는 시점에서 지금을 빼면 되고, 50주년 결혼기념일에 최소한 2만 달러를 써 특별하게 보내고 싶다면, 그것도 목표다.

딱히 시간이나 비용을 정할 수 없는 목표들의 경우, 대략적인 액수 조사와 스스로 원하는 목표 달성 시점에 대한 고민을 시작하라.

이제 다 됐으면 우선순위 정하기다. 어떤 인생 목표가 어느 때 완성되어야 하고, 그러려면 얼마의 시간이 남았는가? 어떤 재무 목표가 가장 중요하고, 어떤 재무 목표가 시간 투자로 가능한가?

목표를 다 적는 일이 엄두가 안 나면, 가족이나 배우자와 게임을 해봐라. 포스트 잇, 펜, 그리고 시계를 준비해라. 게임을 할 벽을 (혹은 냉장고를) 정하고 시계 알람을 10~15분으로 맞춰라. 포스트잇에 소원이나 목표를 빨리 적고 벽으로 달려가 붙여라. 알람이 울릴 때까지 반복하라. 누가 가장 많은 포스트잇을 붙이는지로 경쟁해봐도 되고, 과하게 고민해야 하는 부담을 덜고 좀 움직이며 생기는 에너지를 즐겨도 좋다.

CHAPTER 25

기쁨을 위한 지출

—

1부에서 전체적인 풍족함을 구축하기 위한 돈의 세 가지 핵심 목적에 대해 배웠다. 이제 실생활에서 그 세 가지 목적이 각각 축으로서 어떤 모습인지를 자세히 살펴보자.

첫 번째 축은 기쁨이고, 첫 번째인 이유가 있다. 돈을 쓰는 데 기쁨이 부수적인 것이 되어선 안 된다. 부산물도 아니고, 부가 혜택도 아니다. '축'이다. 전체적인 풍족함을 만들어간다는 것은 자신의 돈 습관을 관리하든, 꿈꾸는 삶을 계획하든, 뭔가 새로운 것을 구매하든, 과정의 매 순간이 가볍고, 쉽고, 즐겁고, 재밌어야 한다는 뜻이다. 전반적인 만족감을 주고 지속할 수 있을 뿐만 아니라 즐겁기까지 한 방식으로 부를 축적하는 데 전제조건이 기쁨이기 때문에, 돈은 그런 기쁨을 얻기 위해 쓰여야 한다. 지출에 기쁨이 따르지 않는다면, 전체적인 풍족함을 이루고 있다고 말할 수 없다.

이제 당신도 현재뿐만 아니라 남은 평생 자신의 삶을 즐길 자격이 있다는 사실에 동의한다고 믿는다. 또한 어떤 옷을 입느냐, 어떤 집에 사느냐, 어떤 차를 타느냐부터, 얼마나 일을 해야 하는가, 아이는 몇 명을 키울 수 있는가, 가족과 친구들과 얼마나 시간을 보낼 수 있는가, 하루에 가사에 투자할 수 있는 시간이 얼마나 되는가까지, 돈이 삶의 모든 측면을 결정한다는 점도 충분히 이해했을 것이다. 모든 일에 돈이 필요하다. 달리 말하면 당신이 돈을 어떻게 벌고, 얼마를 벌고, 어떻게 그 번 돈을 쓰느냐가 또 모든 것에 영향을 미친다. 어떻게 지출하느냐가 당신의 삶을 결정한다. 기쁨을 만끽하며 살고 싶다면, 의도적으로 그런 기쁨을 얻기 위해 지출하는 것을 배우는 건 필수다.

하지만 우리 대부분은 효과적인 지출법에 대해 한 번도 배워본 적이 없다. 배웠다 해도 절대 쓰지 말라고 배웠고, 그게 다다. 그렇다 보니 인생 비전을 금전적 목표별로 구간을 나누어 계획하려 하다 보면 대개는 혼란을 느낀다. 좋은 걸 사고 싶을 때도 있고 부와 풍족함을 갈망할 수도 있는데 괜히 속에서 부끄러움이 차오른다. 몸에 배어 털어내기 쉽지 않은 사고방식이다. 하지만 기쁨을 위해 지출하기를 최우선으로 생각해야 한다. 2순위로 밀려선 안 된다.

기억해라. 돈의 존재 이유는 당신의 삶을 더 풍족하게 만들어주기 위해서다. 사실 많은 연구를 통해서도 진심으로 가치 있다고 믿는 경험이나 물건에 지출할 때 전체적인 행복감이 늘어남이 밝혀졌다. 자신에게 의미 있는 지출을 할 때 돈의 최대 가치를 끌어낼 수 있으므로, (그럴 필요가 없는데도) 최대한 돈을 안 쓰는 건 그 반대로 행동했을 때 비해 기쁨이 덜하게 된다. 기쁨을 얻기 위해 지출하지 않으면 삶에서 돈이 갖는 가치를 제대로 끌어내고 있지 못하는 것과 같다.

기쁨은 사람들 대부분이 간과하는 장기적 성공의 열쇠다. 기쁨은 충만하고 풍족한 삶을 사느냐, 아니면 인생을 허비하느냐의 차이를 낳는다. 돈을 어디에 쓸지, 지출 계획에 어떤 것을 포함해야 할지, 가장 우선순위가 무엇인지를 고민할 때 생각해볼 개념이 '주요 지출'이다. 그간 내가 사용해온, 우선순위를 정하는 과정을 분명하게 시각적으로 접근할 수 있는 쉽고 간편한 방법이다.

기본 개념은 이렇다. 커다란 유리병 하나와 여러 크기의 많은 돌멩이가 있다고 하자. 과제는 병에 최대한 많이 돌멩이를 넣는 것이고 이론상 돌멩이가 다 들어갈 수 있다. 그런데 돌의 크기는 다 같지 않다. 바위만큼 큰 것에서 작은 조약돌까지 크기는 다양하다.

조약돌만 한 돌들을 먼저 쏟아붓는다면 조약돌들은 다 들어가겠지만, 바위나 중간 크기 돌멩이가 들어갈 공간이 없게 된다. 조약돌들도 병을 꽉 채우지 못해 공간이 남았을 수도 있지만, 바위가 들어갈 크기는 아니어서 결국 '전반적으로' 결과가 더 안 좋다고 할 수 있다. 하지만 바위로 시작해 다음은 중간 크기의 돌로 채운 다음 작은 조약돌들을 채운다면 가장 효율적으로 병을 채울 수 있다.

지출에 우선순위를 정하는 일도 마찬가지다. 병이 당신의 지출 계획이고, 그 병을 채울 다양한 크기의 돌이 있다. 크기가 큰 순서대로 필수 경비, 주요 지출, 불필요한 지출이다.

필수 경비는 우선으로 삼지 않으면, 심각한 부정적인 결과를 낳는다. 음식, 주택, 공과금과 직장을 다녀 수입을 유지하려면 지출할 수밖에 없는 제반 경비와 같은 기본 생활비가 필수 경비다. 또한 은퇴자금, 보험과 긴급자금 같은 재무적 안전망도 포함된다.

그다음 병에 채울 돌이 주요 지출이다. 바위보다는 작지만, 크긴 큰 돌이다. 당신이 원하는 삶을 촉진해줄 지출 항목들이 여기에 포함되고 재무 목표와 인생 목표가 포함될 수도 있다. 지출하지 않는다고 해서 심각한 결과가 초래되지는 않아도 스트레스를 더 받고 사는 게 덜 즐거울 수 있다. 매주 한 빈 받는 집 청소 서비스라든지, 한 달에 한 번 받는 마사지나 요가 회원권 등이 예이다.

마지막이 불필요 경비다. 포기해도 아무 일도 일어나지 않고 필요하다면 줄이기도 가장 쉬운 항목이다. '있으면 좋은 것'이 대표적인 예지만, 가장 큰 돌과 그다음으로 큰 돌을 병에 채우는 데 걸림돌이 되는 모든 것이 여기에 속한다. 새 책을 사는 걸 좋아하지만 도서관에서 빌려봐도 되고, 월정액 전자책을 구독할 수도 있다. 가장 좋아하는 커피가 동네 카페에서 원두로 내린 커피지만, 싸고 풍미가 떨어지는 커피로 갈아탄다고 회의감이 들지는 않는다.

기쁨을 위한 지출의 핵심은 '스스로 돌의 크기를 분류한다'라는 점을 깨닫는 데 있다. 같은 지출이나 지출 항목이 누구에게는 조약돌이 될 수도 있고 바위가 될 수도 있다. 필수 경비 외에는 중간 돌과 조약돌 등 바위를 구분하는 기준은 개개인의 가치에 달렸다. 정답은 없다. 보통 '사치품'이라고 하는 것들도 바위가 될 수도 있지만, 누군가에게는 중간 돌이 될 수도 있다. 전문 미용사라면 매일 진한 화장을 하고 출근해야 하고, 그래서 화장은 협상의 여지가 없는 바위다. 사무직이라면 기초화장과 마스카라 정도면 되고, 결국 화장이 바위가 아니므로 초특가 상품을 주로 파는 매장에서 이것저것 왕창 바구니에 담는 일이 기쁨을 준다면 지출을 줄일 필요가 생긴다고 해도 가장 먼저 줄일 항목은 아니다.

주요 지출 항목은 시간이 가면서 변할 수도 있다. 기저귀가 전에는 손톱만큼도 중요하지 않은 지출 항목이었을지 몰라도, 아이가 생기면 갑자기 큰 바위로 돌변한다. 어린이집 비용도 아이가 생기면 추가해야 할 바위지만, 아이가 학교에 다니기 시작하면 그 바위를 꺼내 다른 재밌는 것들로 채워 넣게 된다. 동거인이 생기면 집세에 해당하는 돌멩이 크기를 줄일 수 있지만, 원룸에 혼자 살면 돌멩이 크기가 커진다.

병을 전략적으로 채우는 것이 핵심이다. 당신은 병의 크기도 알고 있고 손에 어떤 돌을 쥐고 있는지도 알고 있다. 공간을 최대한 효율적으로 쓰는 것, 즉 돈을 쓰며 최대한 많은 의미, 안전함, 기쁨을 얻는 건 전적으로 당신에게 달려 있다. 병을 줄이고 줄여 최대한 작은 돌멩이를 최대한 적게 담자는 이야기가 아니다.

기쁨을 얻기 위해 소비하라는 교육을 못 받은 우리는 병 크기를 줄이고 또 최대한 공간을 많이 남기라는 말도 꾸준히 듣는다. 우리는 돈의 실체에 대해 잘못 생각하도록 배웠다. 돈을 쓰는 일을 절대 금지하면 지출하며 수치심을 느끼지 않을 사람이 있을까! 정말 원하는 걸 샀는데도 흥청망청했다고 생각하고 괜히 샀다고 후회할지도 모른다. 기뻐지려고 지갑을 열었는데 기쁨을 느끼기도 전에 기쁨을 싹둑 잘라내 버린다. 더 흔한 경우는 '더 나은 선택'처럼 느껴지는 다른 물건을 사지만, 이유는 조금 덜 비싸서다. 끊임없는 결핍과 안주에 익숙해져 지출한 돈에 비해 적은 기쁨, 효용, 가치를 얻는다. 사실 원하지도 않았기 때문에 그 정도에 안주할 수 있었을 뿐이다. 돈 개념에서 모든 차이를 만드는 것은 자신에 대한 이해다.

사회 곳곳에서 들려오는 이런저런 아끼라는 소리가 사람들을 극도의 검소함으로 몰고, 결국 장단기 목표 달성을 위해 필요한 것보다 더 모으느라 애쓰며 살게 만들 수 있다. 마치 돈을 꼭꼭 숨겨두는 것만 허락하는 것과 같다. 하지만 최대한 적게 쓰는 데는 대가가 따른다. 안 그랬더라면 할 수 있었던 경험을 놓쳤다. 기회와 추억이 날아간다. 결국 후회를 산 격이다.

즐겁다고 돈을 쓰면 파멸하지 않을까, 원하지만 딱히 필요하지 않은 것들에 집중하다 보면 결국 통제력을 완전히 상실하게 되지 않을까 하고 걱정할 수도 있다. 하지만 음식이나 기타 여러 가지처럼 통제력 문제는 과도한 제약에서 시작된다. 의지력에도 한계가 있고 '안 돼'의 개수에도 한도가 있어, 지나치게 잡아당긴 새총은 정반대 쪽으로 툭 끊어져 되돌아오게 마련이다.

이러한 접근 방식으로 당신의 인생만 작아지는 것이 아니다. 많은 연인과 부부들이 겪는 불화의 원인이기도 하다. 혼자 자기 병을 어떻게 채울까를 궁리하는 일과 팀으로 함께하는 일은 전혀 다른 문제이고 후자의 긴장감은 몇 배 더 크다. 각자 서로 다른 돌덩어리들을 가져왔다. 그런데 어느 한쪽이 기쁨을 위한 지출이 돈의 주요 목적 중 하나라는 데 동의하지 않으면 마찰이 생긴다. 양쪽 모두 기쁨을 위한 지출의 기준이 사람마다 다르다는 걸 인정하지 않으면 합심하기란 거의 불가능에 가깝다. 늘 같은 결정을 내려야 한다거나 지출도 같은 방식으로 해야 한다고 말하는 것이 아니라, 각자 자신만의 방식으로 기쁨을 위한 지출을 하면서도 함께 다른 재무 목표와 인생 목표를 이루어갈 수 있다는 뜻이다.

기쁨을 위해 지출하는 방법을 익히면 장기 비전에 맞는 자산 계획을 세울 수 있다. 목표를 이루어가는 과정이 벌을 받는 느낌이 아니라 재밌고 편하게 느껴져 지속할 수 있게 된다. 습관을 유지하는 일이 쉽다 보니 그런 습관들을 지속하게 된다. 통장이 조금씩 불어나는 걸 보려고 모든 걸 희생하지 않는다. 자신이 원하는 그대로 인생을 살게 된다. 게다가 돈을 낭비하고 있다는 걱정도 없다. 자신의 자금이 가장 의미 있는 목표를 향해 운용되고 있다는 사실을 알고 있어서 불안하지 않다. 바라는 미래를 현실로 만드는 데 꼭 맞는 행동들을 취해가고 있다.

기억해라, 당신이 가진 돈의 존재 이유는 당신을 위해 쓰이기 위해서다. 당신의 돌덩어리는 당신의 병을 채우기 위함이다. 반만 채워져 있거나 너무 작은 병은 '당신'을 반만 채워져 있고 작게 느껴지게 할 것이다. 당신이 원하는 것들로 당신을 풍족하게 해주고 기쁨도 느낄 수 있도록 해주는 편이 낫다. 자신에게 이만큼이 살아가는 데 필요하고 이만큼이 저축하고 싶은 정도라고 말하고, 나머지는 당신 재량에 맡겨라.

행동 과제
BEHAVIORAL TASK

당신에게 지출할 경비, 청구서, 금전적 의무가 전혀 없다고 상상해봐라. 처음부터 다시 시작하는 것이다. 병에 있던 모든 돌멩이를 꺼내봐라. 어떤 돌을 다시 넣을 텐가? 정말 원하는 돌이 어떤 돌인가? 어떤 돌멩이는 버릴 건가? 삶에 기쁨을 얻기 위해 어떤 돌을 추가할 것인가?

CHAPTER 26

안정성을 위한 지출

—

인생은 예상 못 한 일로 가득하다. 유쾌한 일들도 있지만, 역경의 경우 약간 거슬리는 정도부터 그 순간 이후로 삶의 모든 것이 바뀌는 엄청난 격변까지 그 종류가 다양하다. 어떤 일들은 곧 닥칠 건 알지만 정확한 시기를 모르는, 내가 '예상한 돌발'이라고 부르는 일들이다. 차가 고장 난다든지 수도가 터지는 것과 같은 일들이다. 하지만 미리 계획을 잘 세워두면 그런 어쩔 수 없는 혼란에 유연하게 대응할 수 있다. 그래서 안정성 확보를 위한 지출이 돈을 가장 기본적인 목적에 쓰는 훌륭한 방법이 된다. 하지만 분명한 건 안정성과 정체는 다르다. 안정성은 당신이 바닥을 치기 전에 당신을 잡아줄 안전망이다. 즉, 돈을 리스크를 낮추는 데 이용할 때 얻을 수 있다.

위기는 인생이 일부다. 위험이 따르지 않는 일은 없다. 누구도 내일을 어찌할 수 없고, 결국 누구도 위험에서 완전히 자유로울 수 없다. 하지만 대비할 수는 있다. 당신에게 들이닥칠 수 있는 거의 모든 위기는 예상할 수 있고, 이는 그 만일의 사태에 대비할 수 있고 적절한 안전망을 세워놓을 수 있다는 뜻이다. 역으로, 준비가 안 되어 있으면 위기가 닥쳤을 때 할 수 있는 일이 적어진다. 적절한 보호 장치를 마련해두면 당신의 미래에 선택 폭이 넓어진다. 재정 안정성이 잘 작동한다는 뜻이다.

잠깐 최소화하고 싶은 리스크를 차분히 생각해볼 시간을 갖자. 분명 가장 먼저 생각나는 리스크들이 아마도 갑작스럽고 큰 것들일 것이다. 실직, 큰 병이나 장애, 자연재해나 인재, 집에 도둑이 들거나 차를 도둑맞거나. 누구나 한 번쯤은 당할 수도 있는 위험들이다.

하지만 그뿐만이 아니다. 조만간 튀어나올 수 있음을 알고 있는 경비, 즉 '깜짝' 비용에 대해 생각해보자. 새는 지붕 수리, 가전제품 교체, 차 수리와 같은 것들이다. 전면적 위기보다는 어느 정도 예상할 수 있는 범위에 있는 예들이다. 그렇다고 날짜를 잡아 준비할 수도 없는 지출이다. 쓰고 있는 컴퓨터가 앞으로 20년, 심지어 10년도 못 갈 거라는 건 안다. 하지만 정확한 시점을 콕 짚어낼 수 없다. 8년이 남았을지, 8개월이 남았을지 모른다. 내일 당장 배터리 수명이 다 될 수도 있고 커피를 쏟을 수도 있다. 혹은 재택근무를 하게 돼서 더 좋은 사양으로 교체해야 할 수도 있다. 하지만 언젠가는 벌어질 일이라는 걸 안다면, '언제'인지는 몰라도 안전망에 고려해 넣어야 한다.

다음은 당신을 행복하게 만들어주는 것들로, 그에 따르는 돈이 늘 있었으면 하는 것들을 생각해보자. 사랑하는 반려견일 수도 있고, 빈티지 나는 스쿠터일 수도 있고, 눈썹 문신일 수도 있다. 이런 행복한 것들은 보통 리스크라고 연상되지 않는다. 하지만 뜻밖의 비용이 될 수도 있다. 사랑하는 강아지가 닭 뼈를 삼켜 수술해야 할 수도 있다. 스쿠터에서 이상한 소리가 또 나기 시작해서 다시 수리를 맡겨야 할 수도 있다. 눈썹 문신을 손질해야 할 날도 온다. 이럴 때를 대비한 자금이 마련되어 있다면 어느 정도 충격을 흡수할 수 있다. 안전망은 먹고 따뜻하게 잘 집만을 뜻하지 않는다는 점을 기억해라. 당신이 사랑하는 삶을 지지해주고 유지해준다. 기쁨을 얻기 위한, 미래의 당신을 위한 것이다.

물론 이상의 예들이 전부는 아니다. 하지만 위의 사례들을 통해 재정 안전망에는 어떤 것들이 있고 어떻게 그 안전성을 마련할 수 있는지를 생각해볼 수 있다. 33장에서 (긴급자금과 채무상환자금 등) 안전망에 대한 구체적인 내용을 더 살펴보겠다.

리스크를 최소화하는 데는 어느 정도 추측해야 하는 측면이 있으므로 안전망이 당신에게 어떤 도움이 되는지에 대한 완벽한 목록을 만드는 일도 불가능하다. 인생에 어떤 일이 일어날지 정확히 알 수 없다 보니 살면서 만날 모든 리스크를 예상할 수 없다. 대형 사고, 갑자기 생긴 늦둥이, 자연재해와 같은 일들이 당신이 생각하는 리스크의 기준을 바꿀 수도 있다.

그렇다고 안정성을 갖출 수 없다는 말이 아니다. 당신에게는 미래를 예측할 수는 없지만, 그 안전망을 구축하기 위해 수입의 어느 정도를 배분할지와 같은, 당신 돈을 통제할 능력이 있다. 안전망을 갖추는 데 할애하는 돈을 공과금이나 주택담보대출 상환금처럼 매달 나가는 정기 지출을 위한 돈으로 생각해라. 가장 중요한 건 자신의 현재 상황에 맞게 시작해서 이런 식으로 지출에 우선순위를 정하는 습관을 키워가는 것이다. 긴급자금이든, 채무 상관자금이든, 어떤 형태의 안전망에든, 투입되는 한푼 한푼이 당신의 재정 안정성을 키워줘 어떤 미래가 기다리든 훨씬 쉽게 그 미래를 헤쳐나갈 수 있다.

CHAPTER 27

경제적 자유를 위한 지출

—

안정성이 인생의 악천후를 견뎌낼 수 있다는 자신감이라면, 자유는 좋은 것을 추구할 수 있다는 자신감이다.

당신이 품은 인생 비전은 당신만의 것이기 때문에 자유는 그 비전의 일부다. 당신이 주도하여 선택한다. 선택지가 있고, 당신은 원하는 걸 원할 때 할 자유가 있고, 당신의 돈이 이를 가능하게 해준다.

그러한 자유를 이루는 데 필요한 돈이 '경제적 자유 액수'다. 그 숫자는 당신이 일을 그만하기로 했을 때 기댈 수 있는 돈의 총액이다. 각자가 바라보는 풍족한 삶의 비전이 다른 만큼 필요한 경비도 다르다. 자유의 의미는 개인마다 다 다르다. 어디에 살지, 가족 수는 얼마나 될지, 아이를 키울지, 끔찍이 예뻐해줄 손주를 갖게 될지, 여행하면서 살지(그리고 얼마나 자주, 어디로 할지)와 같은 요인들이 그 액수의 차이를 부른다.

똑같은 생활 수준에 목표도 같은 두 사람이라도 경제적 자유 액수가 전혀 다를 수 있다. 연금 수령액이 넉넉한 어떤 한 개인이 은퇴 후 원하는 삶을 사는 데 100만 달러가 필요하다면, 같은 지역에 65세 이상이 함께 사는 은퇴 마을에 사는 또 다른 개인은 그 두 배가 필요할 수도 있다. 정부가 지원하는 사회보장 자격이 되어 특정 나이가 되면 일정액의 소득을 지급받는 사람들도 많고, 이 또한 고려 요소다.

경제적 자유 액수는 우리 대부분이 이루고자 하는 가장 큰 재정 목표를 의미한다. 하지만 '가장 크다'가 '가장 힘들다'는 뜻은 아니다. 사실 경제적 자유 액수의 속성은 경제적 자유라는 목표 달성을 위해 당신이 모아가는 돈이 투자를 시작하자마자 '당신을 위해' 일하기 시작한다는 점이다.

'가장 크다'는 '가장 복잡하다'도 아니다. 은퇴자금으로 모으고 있는 돈이 돈을 벌게 되는 이유는 앞에서 다룬 복리와 화폐의 시간가치 덕분이다. 별다른 노력 없이도, 적은 금액이라도 정기적으로 투자하면 시간이 쌓이면서 크게 불어날 수 있다.

결국 '가장 크다'는 액수의 의미가 아니라 '최우선'의 의미다.

저축액을 늘리기 위해 계획하고 행동하는 일은 꼭 완벽하지 않아도 최대한 빨리할수록 좋다. 투자 포트폴리오가 있든, 아직 은퇴자금에 한 푼도 넣어본 적이 없든 상관없다. 어떤 지출보다 은퇴자금에 먼저 돈을 떼어놓고 그렇게 자산을 키워가고 있다면 제대로 하고 있다는 뜻이다. 장차 화폐의 시간가치가 작동하게 될 것이며 저축 습관도 점점 강해지고 있기 때문이다. 튼튼하고 건강한 돈 습관을 키우는 일은 시간과 의도적인 노력이 필요하지만, 당연히 빨리 시작하면 할수록 당신 안에 빨리 자리잡힐 것이다.

이때 중요한 것이 최소투자율이다. 최소투자율이란 자신이 정한 시간 목표에 맞춰 경제적 자유 액수를 달성하기 위해 매달 투자해야 하는 액수를 말한다. 매달 최소한의 꾸준한 투자로 당신이 원하는 은퇴 후 편안한 삶을 보장할 튼튼한 은퇴자금도 쌓이지만, 매달 그 작은 목표를 꾸준히 달성해나가며 지금 자유롭다는 기분을 얻게 되고, 이렇게 진정한 평생의 자유를 일구어가는 셈이다. 즉, 끝을 염두에 두고 시작하는 것이다.

경제적 자유 액수가 꽤 클 뿐만 아니라 가장 우선시돼야 하다 보니 최대한 많은 돈을 투자해야 한다고 생각할 수도 있지만, 그러면 세부 사항을 놓치게 될 수 있다. 경제적 자유 액수가 얼마인지를 알아야 하는 이유는 장기 인생 목표를 알아야 하는 이유와 같다. 목표를 향해 전진할 수 있으려면 목표를 아는 것이 핵심이다. 골프와 비슷하다. 나는 골프를 쳐본 적은 없고 TV로 몇 번 봤을 뿐이지만, 볼 때마다 어떻게 공을 그 작은 구멍에 넣고 잔디를 벗어나지 않게 공을 치는지 정말 대단하다고 생각한다. 거리가 아니라 정확성이다. 골프는 거리 싸움이 아니다. 헛스윙이 공을 잘못된 방향으로 300야드를 보내는 것보다 낫다. 힘 낭비였고 언더 파에 들기도 훨씬 힘들어졌다. 골프를 정말 잘 치려면 늘 그 작은 깃발에 모든 집중력을 끌어모아야 한다.

골프에 비교해서 논점에서 벗어났을지도 모르지만, 내가 하고 싶은 말은 공을 칠 때마다 구멍 쪽으로, 즉 경제적 자유 액수 쪽으로 쳐야 한다는 말이다. 그리고 최소투자율은 아무렇게나 멀리 날리는 대신 정확하고 자신 있게 몸에 힘을 빼고 친, 한 타 한 타와 같다. 이렇게 꾸준히 목표를 향해 나아가면서 '최대한 많이' 저축해야 한다는 의무감에서 해방이 된다. 잘 가고 있다는 걸 스스로 아니까.

5부에서부터 다룰 순자산에서 최소투자율과 같은 수치들은 당신이 최고의 삶을 만들어가는 데 사용할 도구들이다. 현재의 위치에서 시작하라. 당신에게는 꿈꾸는 삶을 누릴 자격이 있고 그 삶을 달성할 능력도 있다.

자, 이제 돈이 만들어줄 삶에 대한 기대가 가득해졌으니 그럼 그걸 가능하게 해주는 돈 습관에 대해 알아보자.

PART 5

나만의
돈 습관 만들기

CHAPTER 28

당신의 돈 습관

—

이제 돈에 대해 이해를 마쳤다. 키워나가야 할 7가지 돈 운용 능력이 있다는 것도 배웠다. 현재와 미래에 모두 풍족한 삶이 어떤 의미인지에 대해서도 살펴봤다. 몇 가지 행동 과제도 수행했다. 이제 조금 더 나아가 이렇게 쌓아온 긍정적인 가속을 이어가보자. 당신의 돈 습관을 만들어가보자.

돈 습관이란 재정을 관리하고 키우기 위해 꾸준히 해야 하는 일련의 행동을 말한다. 목표에서 벗어나지 않기 위해 반복적으로 해야 하는 일련의 조치다. 각자의 돈 습관은 앞서 우리가 봐왔듯이 다 다르다. 당신의 삶의 목표와 원하는 삶은 남들과 다르고 수입도 물론 다 제각각이다. 천편일률적인 돈 습관보다 약간의 안내와 연습만 있으면 스스로 키워나갈 수 있는 습관이 더 효과적이다. 쓰면 쓸수록 커지는 근육처럼 날이 갈수록 더 쉬워진다. 이제부터 배워나갈 여러 금융 원칙으로 안내받는다면, 평생 재무목표와 인생 목표를 이루는 데 도움이 되는 금융 습관을 스스로 만들어낼 수 있다는 확신과 자신감이 생길 것이다.

당신은 이미 당신의 돈이 당신을 위해 무엇을 해주길 바라는지 잘 알고 있다. 이제부터는 그것을 실현하기 위한 도구들을 개발하고 조정하고 사용하는 법을 배워보자. 하지만 현재 자산을 늘 알고 있어야 하고, 1년 지출 계획이 수립되어 있어야 하고, 지출을 관리해야 하는 등 모두가 자신의 돈 습관에 포함해야 할 몇몇 특정 사항이 있다. 그렇지만 그런 모든 것들에 대한 기본사항을 이해하고 나면 자신의 상황에 맞게 유연하게 특화할 수도 있다.

기억할 건 습관은 연습이지 완벽이 아니다. 반복하는 일이며, 진행하면서 조정하고 어떤 편이 나을지를 판단하는 과정이다. 또한 능숙해지면서도 무슨 일이 있어도 지속해나가야 한다. 전설적인 첼리스트 요요마^{Yo-Yo Ma}는 역사상 가장 뛰어나고 영향력 있는 음악가 중 한 명이지만, 아직도 매일 6시간씩 연습한다. 배움에는 끝이 없다. 늘 개선의 여지는 있다. 연습하면 성장해갈 수 있고 그간 이룬 성장에서도 배울 수 있는 계기도 된다.

돈 습관이 있다는 것은 "내가 원하는 삶을 만들기 위해 나의 돈 습관을 꾸준히 사용하고 있다"라고 말하는 것과 같다. 하지만 당신은 말뿐이 아니라 실제로 하고 있다. 습관대로 살고 있다. 행동을 취하고 있고, 바로 그것이 당신이 원하는 삶을 만들어가는 방법이다.

  자, 시작해보자.

CHAPTER 29

꾸준한 자산 확인

—

이제까지 당신의 돈이 당신을 위해 무엇을 해주길 원하는지를 알아봤다. 이제 당신의 돈이 무엇을 하는지를 살펴보자. 현재 자신의 재무 상태를 살펴봄으로써 현시점에서 최종 목적지까지 이르는 길을 계획할 수 있다.

돈 관리를 과거에 어떻게 왔느냐에 따라 자산을 들여다보고 정기적으로 확인하는 일이 낯설게 느껴질 수도 있다. 이번 장에서는 그것을 연습해볼 것이다. 자산의 실체를 알고 있으면 재무 상황에 대해 명확한 그림을 얻을 수 있고, 결국 의도를 가지고 행동할 수 있게 된다. 그 명확함으로 힘이 실린다. 자기 돈에 어떤

236

일이 일어나고 있는지 모르면, 크고 칠흑같이 어두운 방에서 출구를 찾는 것과 같다. 분명 출구가 있다는 건 알지만, 자신의 현재 위치를 알기 전에는 어느 방향으로 가야 할지에 확신이 없다. 하지만 돈이 얼마나 있는지를 알면, 야간 경기에 쓰이는 강력한 조명이 켜진 것처럼 출구까지 가는 가장 빠른 길은 물론 모든 것을 다 볼 수 있다.

확인해야 할 중요한 숫자는 현금 흐름과 순자산이다. 이 둘은 마치 스냅사진 같다. 어느 한 시기의 재무 상태를 포착해 당신의 평생 재무 상황이 어떻게 전개될지에 대한 통찰력을 준다. 이 수치들을 계산하기 위해 어느 정도의 정보를 모아야 하긴 하지만, 걱정할 필요는 없다. 계산 자체는 단순하다.

1년 치 현금흐름 수치와 순자산 수치는 당신의 현재 위치에 대한 기준이 된다. 현금흐름을 보면 현재 돈이 어디에 쓰이고 있는지를 볼 수 있고 지금부터는 어디에 쓰이고 싶다는 것을 결정할 수 있지만, 순자산으로는 채무 대비 전체적인 자산을 파악할 수 있고 자산 증식 전략의 출발점이 될 수 있다. 삶은 돈을 어떻게 벌기로 하고 또 어떻게 쓰기로 하느냐에 직접 영향을 받아 하루하루가 달라진다. 현금 흐름은 그러한 선택의 총량을 숫자로 보여준다. 부자가 되기 위한 여정에서 어떤 전략을 취하느냐는 어느 선에서 출발하느냐에 달려 있고, 이것을 알려주는 숫자가 순자산이다. 이 둘을 이해하면 당신이 꿈꾸는 이상적인 삶을 이룰,

구체적이고 실행할 수 있는 계획을 수립할 수 있다.

현금흐름부터 자세히 알아보자. 연간 현금흐름은 1년 동안 얼마의 돈이 들어오고 얼마나 나가는지를 보여준다(30장에서 1년 지출 계획을 짜고 월 단위로 나누는 법을 배울 것이다). 현금흐름 1년 치를 검토해보면, 급여명세서 같은 매달 반복되는 단순한 패턴을 보는 대신 큰 그림을 볼 수 있다. 어느 정도 왔는지도 보여준다. 연간 현금흐름을 연 단위로 비교해보면 작은 성과들이 모여 큰 산이 된 것이 보인다. 감동을 주는 발전은 그 발전이 크든 작든 자기 기준에서는 성과다.

다음은 순자산이다. 순자산은 (현금, 연금계좌, 부동산, 귀중품 등) 자산총액에서 채무총액을 뺀 값이다. 현금흐름은 (1년 단위처럼) 펼쳐진 시간 속에서 측정되지만, 순자산은 특정 시기의 재무 상황을 찍은 한 장의 스냅사진과 같다. 결국 한계가 따른다. 순자산을 파악한다고 해서 재무 목표 달성을 위해 제 길을 가고 있는지를 알 수 없고 어떤 일이 가능할지도 예상할 수 없다. 빚을 내 세가 나오는 건물을 사는 것처럼, 부 축적이라는 명목으로 내린 결정 때문에 순자산이 줄어들 수도 있다. 시장 상황 같은 통제 불가능한 요인에 영향을 받기도 한다. 결국 시간이 흐르며 순자산이 느는 것을 보고 싶더라도, 순자산 수치는 어느 한순간을 반영할 뿐, 궤적을 보여주지도 못하고 예측도 못 한다는 점을 알아둬라.

이제 이 두 수치에 대해 이해했으니 한번 파악해보자.

연간 현금흐름부터 시작해보자. 들어오는 돈 빼기 나가는 돈이니, 수입부터 알아보면 된다. 들어오는 모든 돈이 수입이고 개인적으로 쓸 수 있어야 한다. 파악하기 쉽지만, 연봉을 알아보는 수준보다 몇 가지 할 일이 더 있다. 알다시피 월급을 받기 전에 세금, 보험료, 연금 등 자동으로 빠져나가는 돈이 있다. 즉, 알아야 할 것은 '순소득net income'으로, 공제될 것을 제외하고 실제 계좌에 입금되는 액수다. '총소득gross income'은 그런 공제금액이 빠지기 전 총액이고 순소득은 쓸 수 있는 돈의 총액이므로, 의미 있는 수치는 바로 순소득이라고 생각할 수 있다. 하지만 총소득과 공제액 총액도 알아둘 필요가 있다. 그렇게 나가는 돈을 줄일 수는 없지만, 내고는 있으니 알아둔다는 차원에서 얼마나 공제되는지는 알아야 한다.

당연히 시작은 총소득이다. 근로자라면 급여명세표에 찍힌 금액을 1년 동안 받는 횟수로 곱하면 된다. 고용주가 국세청에 매년 신고하는 '급여 및 세금 신고서'를 참조해도 좋다. 수입이 규칙적이지 않다면, 몇 가지 방법이 있다. 작은 사업을 하고 있거나 프리랜서라면 개인 회계사나 세무사에게 1년 총수입을 보여주는 손익계산서를 요청하면 된다. 작년 수입을 다 합산해보거나, 올해 얼마나 벌지를 예상해보는 방법도 상관없다(추정치를 만들 때는 수입은 낮게 잡고 지출은 높게 잡기를 권한다. 그러면 최악의 현금흐름과 과도하게 낙관적인 현금흐름을 비교해볼 수 있다).

부수입이 있다면 그것도 포함해라. 개인적으로 쓸 수 있는 부수입이라면 총소득에 해당한다. 통상적인 예로는 자녀 양육비, 부동산 소득, 투자소득, 인세, 부업, 단기 업무, 연말 보너스 등이 있다. 소득세 환급이나 신용카드사가 제공하는 혜택들은 여러 가지 변수가 개입되니 그런 것들은 일단은 제외하고, 실제로 수중에 들어왔을 때 포함하는 편이 낫다.

총소득이 계산되었으면 이제 매번 공제되는 금액을 나열해봐라. 개인차는 있겠지만 세금, 보험료, 의료보험, 임금 압류, 퇴직금이나 연금 등이 있다. 기본적으로 당신 계좌에 입금되기 전에 강제로든 자발적으로 선택했든 빠지게 되는 모든 돈이 공제금이다. 총소득과 마찬가지로 1년 치 총공제액도 월 공제 총액을 연간 납부 횟수로 곱하면 된다. 프리랜서거나 단기 업무, 부업 등으로 수입이 발생하면 자동으로 세금이 제해지지는 않지만, 차후 국세청에 신고해야 하므로 그 수입에 대한 세금을 '빚진' 것과 다름없다. 자신의 연방·주 세율을 알아보면 대략 얼마나 '공제' 해야 할지 알 수 있다.

이제 연 총소득과 총공제액을 알았으니, 계산은 단순하다. 두 값의 차이가 순소득이 된다. 이제 1년간 얼마를 지출할 수 있는지 정확히 알게 됐다. 이제 연간 현금흐름을 정확히 파악하는 데 반 정도 왔다.

다음은 경비들이다. 245페이지의 '경비 분류 목록'을 참조하길 바란다. 먼저, 지출하지 않고는 살 수 없는 필수 경비부터 살펴보자. 고정비라고도 하지만, 경비가 ('고정 수입'에서처럼) 고정되었다는 뜻이 있어 오해와 혼란을 부를 수 있다. 실제로는 어떤 경비라도 시간이 가며 혹은 노력 여하에 따라 바뀔 수 있다는 점을 기억해야 한다. 그래서 나는 '필수' 경비라고 부른다. 하지만 필수 (혹은 고정) 경비는 생활하려면 꼭 내야 하는 돈인 것만은 사실이다. 집세나 부동산담보대출, 기타 상환해야 할 채무, 전기세, 출근하고 일을 보러 다니려면 채워 넣어야 하는 자동차 기름, 직장을 다니려면 필요한 육아비 등이 있다. 매일 먹고, 이를 닦고, 세탁기도 돌려야 하므로 그럴 때 드는 식비, 생활용품 지출도 포함된다.

경비 분류 목록을 참조해 필수 경비를 뽑은 후 모두 합산해라. 이 과정의 목적은 재무 상황에 대한 전반적인 시야를 확보하기 위함이니, 추측에 근거해 어느 정도 최선의 목록을 만들면 된다. 작년 치 은행거래명세서를 샅샅이 뒤져 1센트 하나까지 파악해야 한다는 의무감에 시달리지 않아도 된다. 단순화를 위해 비슷한 경비들은 묶어도 좋다(예를 들어 차량 등록, 윤활유 교환, 세차는 '자동차 관리' 정도로 묶으면 된다). 뒤쪽에서 1년 지출 계획을 짜면서 구체적인 사항들을 살펴볼 것이므로, 지금은 이렇게 굵직굵직하게 묶어도 무방하다.

총소득과 필수 경비 파악이 끝났으니, 이제 연 재정 흑자를 계산할 수 있다. 필수 경비를 제하고 남은 돈이 재정 흑자다. 당신의 재무 목표와 인생 목표를 달성할 수 있도록 도와줄 돈이고, 재량껏 쓸 수 있는 돈이기도 하다(재량지출^{discretionary spending}, 필수지출과 의무지출 이외의 지출). 마찬가지로 셈은 간단하다. 순소득에서 필수경비 총액을 빼면 된다. '짜잔' 하고 남는 돈이 생겼다. 하지만 잠깐 이 돈은 잊어라. 다시 이후에 살펴볼 것이다. 일단은 자신의 금융 생활에 이렇게 중요한 숫자를 알게 된 노력을 한 자신을 칭찬해 줘라.

이제 다음 숫자로 가보자. 순자산 계산도 쉽기는 마찬가지다. 똑같이 빼면 되지만, 이번에는 자산(소유한 것들의 총가치)에서 부채(빚 총액)를 빼는 것이다. 물론 셈에서 '긍정적'인 측면, 즉 자산부터 계산해나가면 된다.

자산이란 당장 보유하고 있는 현금이나 팔아서 현금화할 수 있는 모든 것이다. 자산총액을 알아보려면 우선 나열부터 해봐야 한다. 가장 큰 자산은 집, 차, 보트, 주식, 부동산 투자수익, 연금의 현금 가치, 보험의 현금 가치 등이 있다. 이 외에는 어떤 것을 포함하든 당신에게 달렸다. 예를 들어 자녀 대학 학자금 같은 특정 지출 목적으로 떼놓은 돈이나 다음 달 쓰려고 넣어둔 체크 계좌의 현금은 뺄 수도 있다. 보석, 예술품, 가구 등 공정시장가치^{fair} ^{market value}(객관적으로 공정하게 시장에서 거래되는 가치)가 있는 자산들을 포함할 수도 있고 아닐 수도 있다. 순자산 수치를 '당신'이 인식하는 것이 더 중요하기 때문에 정답은 없다. 모든 자산 명세를 다 포함해야 순자산 수치가 쓸모 있는 것은 아니다. 어느 정도면 통찰력을 얻을 수 있을지를 스스로 판단하고 자신의 금융 생활의 의사결정 주체는 당신이라는 사실에 집중해라.

한 가지 지켜야 할 일은 일관성이다. 자산을 분류할 땐, 비슷한 유형의 모든 자산을 함께 묶어라. 빚을 져 산 컴퓨터와 같은 자산의 경우 재판매 가치도 꼭 포함해야 한다. 그렇지 않으면 그 빚이 채무로 분류되어 순자산이 맞지 않게 된다.

자산 목록을 완성했으면, 전체를 합산해라. 은행 잔고나 연금, 투자계정 같은 금융자산은 이미 숫자가 매겨져 있다. 비금융자산의 경우는 인터넷을 찾아보면 된다. 비슷한 차종이나 주택이 인근에서 어느 정도 하는지를 찾아보고 그것을 기준으로 공정시장 가치를 산정해볼 수 있다. 지금 하는 순자산 계산은 추적용 도구일 뿐이라는 걸 기억해라. 완벽할 필요도 없고 누가 감사를 나오지도 않는다. 어느 정도 조사에 근거한 추측 정도면 충분히 목적에 부합한다.

이제 자산이 끝났으니 부채로 넘어가 보자. 빚 명세와 함께 남은 잔액까지 적어보자. 학자금 대출, 자동차 대출, 주택융자금, 신용카드 대출, 퇴직연금 담보대출인 401K 대출, 주택담보대출, 개인 융자 등이 있겠다. 매달 전액을 다 결제하는 신용카드 같은, 갚아야 할 잔액이 없는 경우는 여기에 포함하면 안 된다. 반면 열심히 갚아가고 있지 않지만, 아직 상환할 돈이 남아 있는 의료비나, 상환이 일시 유예된 학자금 대출 등은 '꼭' 부채로 분류해야 한다. 세금 체납이나 양육비 체납 등의 사유로 내는 임금 압류도 채무에 포함해야 한다(보통 직접 아이를 키우며 발생하는 양육비 지출과는 다르다).

이제 자산과 부채 목록을 완성했으니, 각각의 총합만 계산하면 끝난다. 총자산에서 총부채를 뺀 값이 당신의 순자산이다.

훌륭하다. 축하한다! 이제 당신의 연간 현금흐름과 순자산이라는 두 가지 중요한 숫자를 알게 되었다. 엄청난 일을 해낸 것이고 노력도 많이 했으니, 자신을 대견스럽게 여겨도 좋다.

자신의 재무 상황을 이렇게 조감해보니 마음속에서 여러 가지 감정과 결론이 일지도 모른다. 수치들을 천천히 살펴보며 어떤 기분이 드는지 생각해보는 시간을 가져봐라. 놀란 수치가 있는가? 지출을 줄여야겠다 하고 마음먹게 된 항목이 있는가? 지출을 줄여볼까 하고 생각한 항목도 있는가? 자신의 수입과 재정 흑자에 대해 어떻게 생각하는가? 15~30분 정도 시간을 내 이런 질문들에 대해 고민해보고 답을 다이어리에 적어보자. 적은 후, 분류도 해보고, 필요하면 고쳐도 보라. 만약 사실과 생각 사이에서 혼란스럽다면, 돈 개념을 다루었던 2부로 돌아가 복습해라.

이런 수치들은 당신의 금융 여행 전체의 한순간을 담아낸 사진일 뿐이라는 걸 기억해라. 현재 당신이 서 있는 모습이고 지금

의 모습이 지금부터 한 달 후의 모습과 같지 않고, 1년 후, 5년 후
는 더더욱 그렇다.

지금의 숫자는 당신이 앞으로 성공 가도를 달릴지 아닐지와
아무런 상관이 없다. 하지만 그 숫자를 알아보려고 투입한 시간
은 관련이 있다. 당신이 하는 행동과 결정이 당신 금융의 미래를
결정한다. 당신은 현재 자신이 어떻게 하고 있는지를 파악하려면
꼭 해야 하는 노력을 했다. 더 명확한 재무 결정을 할 채비가 훨
씬 더 잘 되었다는 뜻이다. 당신의 돈이 당신의 현재와 미래의 삶
을 위해 일하도록 만드는 데 훨씬 더 가까워졌다는 뜻이다.

● ○   **경비 분류 목록**

현금흐름을 계산할 때, 이 목록을 참조해서 필수경비와 재량 지
출을 종합해봐라. 몇몇 항목은 자신의 상황에 해당하지 않을 수
도 있으니, 목록 전체를 그대로 따라갈 필요는 없다. 합리적으로
자신에 맞게 분류 항목을 합쳐도 좋고 나누어도 좋다. 목록은 단
지 당신의 생각을 돕고 생각을 시작할 수 있도록 돕기 위함이다.

필수경비

주거비	☐ 대출 이자, 월세 ☐ 주택 보험, 전세보증보험 ☐ 재산세 ☐ 관리비 ☐ 유지보수 비용
공과금	☐ 전기요금 ☐ 가스요금 ☐ 수도요금 ☐ 하수 및 정화조 처리 비용 ☐ 인터넷 및 통신비 ☐ 쓰레기 처리 비용
생활비	☐ 식비 ☐ 의류비 ☐ 생활용품 구입비 ☐ 위생 및 개인 용품 구입비 ☐ 자녀 양육비 ☐ 육아 및 자녀 관련 지출
보험료	☐ 건강 및 실손의료보험 ☐ 상해보험 ☐ 책임보험
의료비	☐ 병원 진료비 및 약값 ☐ 기타 의약품 구입비 ☐ 의료기기 및 용품 구입비
교통비	☐ 자동차 할부금 ☐ 자동차보험료 ☐ 자동차 유지보수 비용 ☐ 주유비 ☐ 주차비 ☐ 대중교통비
반려동물	☐ 사료 및 기타 용품 구입비 ☐ 병원 진료비 및 약값

재량지출

주거 / 생활	☐ 인테리어 및 개조 비용 ☐ 가사 도우미 서비스 ☐ 가전 및 가구 구입
여가 / 문화	☐ 외식 및 배달음식 ☐ 영상/음악 스트리밍 서비스 ☐ 커뮤니티 멤버십 비용 ☐ 도서/영화/공연 등 문화비 ☐ 기타 취미 활동비
미용 / 건강	☐ 헤어, 메이크업 ☐ 뷰티 서비스(손톱, 피부 관리 등) ☐ 마사지 ☐ 헬스장 멤버십
여행	☐ 항공/기차 요금 ☐ 숙박비 ☐ 식비 ☐ 렌터카 및 교통비 ☐ 각종 시설 입장료
양육 / 교육	☐ 학원비 및 교재비 ☐ 운동 및 기타 활동 ☐ 용돈
반려동물	☐ 반려동물 관련 보험 ☐ 돌봄 서비스
경조사 / 기부금	☐ 선물 구입비 ☐ 명절 부모님 용돈 ☐ 비영리단체/정치 기부금 ☐ 종교 헌금

CHAPTER 30

1년 지출 계획 작성

—

지금부터는 다른 숫자 얘기를 해보자. 컴퓨터 코드는 보통 사람은 해독할 수 없는 일련의 0과 1로 이루어져 있지만, 코드가 만들어낸 결과는 누구나 이해할 수 있다. 인스타그램에는 예쁘게 찍은 셀카와 강아지 사진들이 보이지, 수많은 이진법으로 나열된 코드나 영화 〈매트릭스〉에서처럼 무수한 녹색 숫자가 흘러내리는 것처럼 보이지는 않는다. 하지만 휴대전화 안에 무수한 0과 1이 마법을 부려 우리가 원하는 걸 원할 때 볼 수 있다는 건 잘 알고 있다.

당신의 1년 지출 계획이 바로 당신 삶의 0과 1이다. 당신이 원하는 삶을 살 수 있도록 도와주는 숫자들이다. 잘 계획된 당신의 결정들과 목표들이다. 현재와 미래 모두의 삶을 바꾸고자 할 때 쓸 당신의 돈 사용법이다. 이 숫자들을 장악하면 미래를 결정할 힘을 갖게 된다. 놀랍지 않은가?

1년 지출 계획은 예산이지만, 예산 이상의 의미도 있다. 현재 당신 위치부터 당신이 가고자 하는 지점까지, 실질적으로 가능성을 만들어가는 방법이다. 중요한 숫자들을 알고 있다는 사실에 당신은 힘이 불끈불끈 솟고, 행동을 취할 계획도 선물 받은 셈이다.

간단한 수립 과정은 이렇다. 우선 세금을 제한 모든 수입을 합산해라. 그럼 한 달 치 총소득이 잡힐 것이고 거기에 일목요연하게 항목별로 정리된 필수경비 총액을 구해라. 그다음 매달 나가는 부채상환액도 구해라. 이제 필수경비 총액과 (부채비용도 경비이므로) 부채상환총액을 더해, 앞서 계산된 세후 소득 총합에서 빼라. 결괏값이 당신의 재정 흑자 수치이고 당신의 재무 목표, 인생 목표, 재량 지출을 위해 배분될 돈이다.

하지만 먼저 현재 자신의 소비 패턴부터 알아야 한다. 지출 계획은 최대한 현실적으로 짜야 하고, 그러려면 현재 매달 어떻게 쓰고 있는지에 대한 이해가 먼저다. 하지만 연간 현금흐름을 짜면서 수입과 필수경비 계산을 이미 해놨기 때문에, 이미 어느 정도의 밑품은 팔아놓은 셈이다. 남은 일은 부채상환액과 재량지출 경비다. 부채상환액의 경우, 부채 이름, 종류, 만기일, 이자율, 월 최소납입액을 작성해야 한다(부채는 엄밀히 말하면 경비지만, 이자율 같은 제반 고려사항이 있으므로 따로 분류하는 편이 낫다. 여기서 정리해두면, 차후 32장에서 부채상환 계획을 수립할 때 시간을 절약할 수 있다).

다음은 자신의 생활방식과 재량 지출 내용을 작성해보자. 외식, 체육관 비용, 개인 몸단장, 케이블TV, 자녀들 과외 활동, 선물 등 꼭 필요하지 않은 지출 모두가 포함된다. 당신의 삶을 기본 아이스크림이라고 하면, 재량지출 항목들은 그 위에 토핑으로 뿌리는 초콜릿이나 체리와 같다. 덕분에 당신의 아이스크림이 특별해지지만, 조금만 뿌리거나 아예 뿌리지 않아도 아이스크림은 그대로 남아 있다.

재량지출 항목들이 분류하기 약간 까다롭다고 느꼈을 수도 있다. 정상이다. 대부분이 재밋거리에 자신들이 얼마나 쓰고 있는지를 과소평가하기 때문이다. 게다가 현금을 쓰고 있다면, 상기할 만한 카드 기록이 남아 있지 않아 항목을 잡기가 더 힘들어진다. 하지만 최선을 다해 최대한 정확하게 잡아야 한다. 우선 은행 명세서부터 훑어봐라. 온라인 주문을 많이 하는 편이라면 해당 사이트에 가서 주문 기록을 살펴보고 구매에 맞는 항목으로 분류해라. '잡다한 재량지출'이라는 항목을 만들게 되더라도 상관 없다. 최소한 돈을 필수 지출도 아니고 빚도 아닌 데 쓰고 있다는 점은 발견하지 않았는가. 또한 습관을 들여 지출을 관리하다 보면 이 작업이 점점 더 수월해질 것이다.

1년 지출 계획 수립에 앞서 잠깐 자신의 매달 지출 습관도 살펴보자. 금액이 큰 재량지출에서 그만큼의 가치를 얻어냈는가? 혹은 그보다는 덜 쓴 항목에서 더 많은 가치를 얻었는가? 이제 지출 계획을 짜게 되면 좀 바꿔보고 싶은 항목이 있는가? 지출 금액과 연관 지어 대략 어느 정도의 우선순위와 가치가 정립되어 있으면 지출 계획을 짜는 데 도움이 된다.

자, 이제 지출 계획을 세워보자. 기본 틀은 (행 한 칸이 지출항목이고, 나머지 12칸은 12개월 달에 해당하는) 13칸 세로 행과 모든 지출을 적을 수 있는 만큼의 가로 열이다. 펜과 종이로 작성해도 무방하지만 엑셀로 하길 권한다. 1월부터 시작하자(1월이 완료되면 복사해서 나머지 11달에 붙여 넣으면 된다). 우선 각각의 소득을 가로 열에 적고, 다달이 들어오는 소득원마다 액수를 적어라. 조심할 건 순소득을 적어야 한다. 연간 현금흐름을 작성하며 이미 계산된, 공제 금액을 제외한 그 순소득을 참조하면 된다.

매달 소득이 일정하지 않으면 이렇게 하면 된다. 연 소득을 계산한 후 12로 나누어라. 주급을 받는다면, 주급에 곱하기 52를 하고, 다시 12로 나누면 된다. 아니면 추가 수입이 매달 며칟날에 들어오는지를 따져 월 최소 급여 주기를 기준으로 예산을 짜는 방법도 있다. 한 달에 두 번 급여를 받는다면, 한 달에 두 번을 기준으로 예산을 짜되, 1년 총 52주 중 한 달에 두 번이면 48회가 되어 세 번 급여를 받는 경우는 그달에 편입시켜놓으면 된다. 급여 수령일 차이가 한 달 이상 벌어진다면, 연 세후 소득을 계산한 후 12로 나누면 월 수령액이 나온다.

수입이 비정기적이라면 급여 횟수가 연 12회인 이하인 사람들이 쓰는 수정된 방식을 써보도록 하라. 세후 연간 총소득을 계산한 다음 12로 나누어라. 꼭 매달 급여를 받지는 않지만, 일종의 정기적인 급여를 자구책으로 만드는 방법이다. 소득이 높은 달에는 남는 금액은 다달이 나가는 경비를 위해 저축 계좌에 넣어놔라. 월급이 평균보다 적은 달에는 그 저축액으로 대비가 된다. 또 다른 방법은 가장 소득이 낮은 달을 기본으로, 보수적으로 1년 예산을 잡고, 더 버는 달에는 조절해서 가면 된다.

다음으로 필수경비를 항목별로 말끔하게 정리해 넣자. 연 현금 흐름을 계산할 때 사용했던 똑같은 항목 기준을 써도 된다. 전기세 같은 필수경비는 사용량에 따라 오름과 내림이 있으니, 과거 청구서들을 살펴보고 평균치나 평균보다 높게 액수를 잡아 어떤 경우라도 대비할 수 있도록 해야 한다. 정기적이긴 하지만 매달 발생하지는 않는, 분기별 관리비 같은 경우는 청구되는 달에 기재하거나 전체 금액을 12로 나눠 매달 예산으로 편성해도 된다.

다음은 부채다. 모든 부채 항목을 여기에 포함할 필요는 없다. 예를 들어, 주택융자금은 '주택' 항목에 넣을 수도 있고 자동차 할부금은 '교통비'에 넣어도 좋다. 다시 말하지만, 자신에게 맞는 방법으로 자신만 분명히 알아볼 수 있으면 그만이다. 나에게 맞는 쉽고 직관적인 체계를 만드는 것이 목적이다.

부채 항목과 필수경비를 써넣었으니, 월 재정 흑자를 계산할 차례다. 소득에서 채무와 필수경비를 빼라. 남는 금액이 흑자분이고, 재량껏 지출할 수도 있는 금액이다.

재정 흑자가 계산되었으면 재량지출을 추가해 넣어라. 분명 당신은 라이프스타일 관련 지출, 저축, 심지어 어느 정도의 추가 채무상환을 재량지출에 포함하고자 할 것이다. 하지만 당신의 주요 지출 항목과 기뻐지려고 하는 지출을 고려해야 하고, 현재 지출은 시작점 정도로만 생각해라.

재량지출 계산이 완료되면, 첫 달 계산도 완성한 것이다. 1월에 있는 수치를 복사해서 나머지 11달 칸에 붙여 넣으면 된다. 그리고 잠시 1년 전체를 살펴보고, 빠진 것이 없는지 꼼꼼히 살펴라.

지출 계획에 추가하면 도움이 될 다른 유용한 정보가 있다면 추가해 넣어도 상관없다. 예를 들어 청구서마다 납부기일을 적은 세로칸을 추가할 수도 있다. 남은 부채총액을 알아볼 수 있도록 월 부채상환 칸 아래 가로 열을 추가해 넣어도 좋다. 지출을 관리하고 조정해가면서 원래 계획 옆에 실제 지출액을 적을 세로칸을 추가하는 방법도 있다. 지출 계획을 기준으로 지출을 해나가다 보면 분명 추가할 사항과 조정할 부분이 생길 것이다. 당연하고 자연스러운, 우리가 해나가는 이 모든 과정의 일부다.

○ ○ 　　　　　　　　　　　　　　　　　　　**매달 적자인 경우**

현재 당신의 소비생활이 매달 흑자를 기록하길 바라지만, 그렇지 않다고 해도 걱정할 필요는 없다. 혼자만 겪는 문제가 아니다. 현재 당신은 수입보다 더 많이 지출하고 있고, 이는 매달 지출을 감당할 충분한 소득이 없다는 뜻이다. 이 부족분을 두고 재정 적자라고 하며 이를 해결하기 위한 다음과 같은 많은 전략이 있다.

- 단기간에 지출을 없애거나 줄일 방법을 찾아라. 집, 직장, 자산을 지키는 데 필요한 지출을 가장 우선순위로 둬라. 정말 재밌지 않거나 사용하지 않는 임의 지출은 줄여도 된다.
- 본업과 부업에서 소득을 올리려고 노력해라.
- 부채로 예산이 받는 타격을 줄일 방법을 찾아라.
- (당신을 통해 돈을 벌려고 하기보다, 당신의 이익을 극대화해주는 것이 목표인) 수탁자로 변호사나 재정 전문가의 도움을 받는 것을 고려해봐라. 당신이 빚을 진 채권기관과 협상하거나 파산 신청이 어쩔 수 없는 선택일 경우, 그에 맞는 계획을 세워줄 수 있다.
- 만약 자신의 재정 적자의 근본 원인이 지나친 빚 탓이라면, 몇 가지 방법이 있다. 채권기관을 찾아가 이자율을 낮추거나 상환 기간 연장 등을 협의해봐라. 채권기관들 대개는 고

254

객의 고충을 최대한 들어주려고 해서, 그런 대화를 시도해 볼 만하다. 또 다른 전략은 이자율이 높은 채무를 낮은 이자율의 채무로 통합하는 것이다. 단, 대출 조건을 완벽히 이해해야 하고 사실상 현재 채무보다 더 큰 손실이 발생하지 않는지, 해당 기관이 믿을 만한지를 꼼꼼히 살펴야 한다. 세 번째 방법은 파산 신청을 고려하는 것이다. 상황이 허락한다면, 변호사나 재정 전문가를 수탁자로 지정해, 최선의 방책을 찾는 데 도움을 얻어보는 것도 좋다.

재정 적자는 헤어나기 쉽지 않은 어려움처럼 보이지만, 일시적 상황에 불과하다. 부를 축적하고 자신이 원하는 삶을 만들어가는 길을 가며 헤쳐나가야 하는 짧은 시기 정도로 생각해라.

CHAPTER 31

지출 파악과 예산 조정

—

이번 장은 (동사의 의미로) '예산'만을 다룬다. 앞서 1년 지출계획을 만들면서 이제 (명사의 의미로) '예산'은 잡혔다. 명사로서 '예산'은 소득과 지출을 파악하여 앞으로는 어떻게 돈을 써야 할지를 결정하는 데 도움을 준다는 데 그 의의가 있다.

하지만 돈 습관을 키우는 데 중요한 건 동사로서의 '예산'이다. 계획보다 더 중요한 건 실제 행동으로 옮기는 일이다. 동사로서의 '예산'이란 자신이 얼마나 꼼꼼히 계획을 고수하고 있고 상황에 맞게 조정해가는지를 추적 관리하는 일이다. 직접 해나가면서 꾸준히 연습하는 예산의 능동적인 측면을 말한다. 자리에 앉아서

한 번 짜보는 예산과는 다르다. 이렇게 예산에는 수립과 행동 두 가지의 의미가 있다.

즉, 돈 습관인 예산 짜기는 세 부분으로 구성된 과정이다. 계획, 실행, 조정. 당신은 일단 첫 번째는 지출계획을 작성하면서 마쳤다. 이제 실행하고 조정할 때다. 계획 실행은 지출을 관리하는 것으로, 자신이 세운 계획을 얼마나 잘 따라가고 있는지를 살피는 것이다. 조정은 그렇게 살펴보면서 바꿀 필요가 있는지를 결정하는 것이다.

지출을 추적하는 방법부터 시작해보자. 여러 가지 방법이 있지만, 기억할 건 최고의 방법도 없다는 점이다. 자신에게 맞아야 최선이다. 합리적이고, 쉽다고 느껴지고, 습관처럼 잘 지켜낼 거라고 스스로 믿는다면 올바른 길이다.

첫째 방식은 모든 걸 현금으로 결제하는 것이다. 많은 사람이 소위 '현금 봉투' 방법을 사랑하는 이유는 쉽고 단순하기 때문이다. 매달 초, 지출계획 총계에 해당하는 현금을 계좌에서 찾는다. 그런 다음, 지출계획 항목에 맞는 정확한 금액의 현금을 봉투에 나누어 담는다. 현금 봉투 방식에는 추적과 책임, 두 가지 측면이 있다. 지출 관리가 처음이라면 어느 정도의 책임이 필요하기도 하고 손에 돈을 쥐고 있으니 돈이 실질적으로 느껴지는 효과도 있다.

또 다른 방식은 일종의 가상봉투 방식으로, 모든 지출은 체크 계좌 하나로만 결재된다. 저축은 항목별로 나누어 여러 계좌를 만든다. 신용카드를 사용할 거라면, 개인적으로 임의 지출용 카드 한 장과 카드값이 결재될 개인 체크 계좌를 만들고(배우자가 있다면, 각자 그렇게 하면 된다), 일반 지출로 또 그렇게 카드와 체크 계좌 한 쌍을 만들어라.

셋째는 엑셀로 작성된 지출계획을 통해 관리하는 방식이다. 여기에는 몇 가지 방법이 있다. 첫째는 월 옆에 세로 한 칸을 더 만들어, 거기에 지출을 적는 방법이다. 이렇게 하면 서로 바로 옆에 붙어 있어서 비교하기가 쉽다. 혹은 1년 지출계획표를 복사해서 복사한 파일에 있는 숫자를 바로 고쳐나가도 된다. 아니면 아예 달마다 따로 표를 만들어 좀 더 세부적으로 작성하는 방법도 있다.

마지막은 무료 앱이나 종이와 펜을 쓰는 방식이다. 마찬가지로 정답은 없다. 내키는 대로 이것저것 다 시도해보고 가장 맞는 것을 찾아도 되고, 자기 방식대로 새로 짜도 된다.

어떤 방법을 쓰든 늘 재무 상태를 확인하는 데 어느 정도 시간을 쓰게 될 것이다. 그렇게 자기 방식에 익숙해지며 지출계획도 더 꼼꼼해져갈 것이고, 조정과 갱신에 수고가 거의 안 드는 수준까지 다다르게 될 것이다. 하지만 살다 보면 수도가 터지거나 친구들과 즉흥적으로 저녁 식사를 하게 되는 일처럼 어쩔 수 없는 변수가 많다. 그럴 때마다 계획에 차질이 생겼다고 생각할 수도 있겠지만, 당신의 지출계획에는 유연성도 장착되어 있다. 필요에 따라 바뀔 수 있도록 설계됐다. 동시에 그것이 바로 균형이다. 은퇴자금 마련처럼 꼭 해야 할 일들보다 늘 원하는 바가 우선하면, 차차 자산 계획이 속도를 잃어갈 것이다. 선택할 수 있는 것이 많지 않기 때문에 훨씬 더 자주 거절해야 할 수도 있다. 균형을 찾는다는 것의 의미는 자신의 선택이 남은 올해 한 해와 그 과정에 미칠 영향을 이해하는 것이다.

CHAPTER 32

채무 관리

—

앞에서도 채무에 대해 여러 번 언급했지만, 돈 습관의 일부인 채무관리의 자세한 내용을 좀 더 자세히 살펴보자.

효과적인 채무관리는 채무상환만을 뜻하지 않는다. 현재와 미래 모두에 당신이 원하는 삶을 만들어가는 데 도움이 되도록 채무를 이용하는 것이 진정한 채무관리다. 채무에 관한 확실한 전략이 마련되어 있다면 완전한 장악력을 느낄 수 있다. 채무를 정확히 이해하고 있고 전반적인 재무 전략에서 채무관리가 차지하는 위치를 정확히 알게 되기 때문이다.

이제부터는 새로운 빚을 지기 전에 반드시 상환 계획을 고민하길 바란다. 그래야 정확히 어느 정도의 비용이 발생할지, 어떻게 갚을지, 부를 축적해나가는 데 어떤 영향을 미칠지를 알 수 있다.

목표는 점차 채무에 대한 의존을 줄여가는 것이다. 채무가 나쁜 것이라서가 아니다. 앞에서 배웠으니 이제 채무가 나쁘지만은 않다는 점을 알고 있지 않은가. 꿈꾸는 최고의 삶을 이루는 데 이용할 수 있는 금융 도구 중 하나다. 효과적으로 이용하면, 부를 더 빨리 쌓는 데 도움도 되고 구매를 언제 어떻게 하느냐에 편리함과 융통성이 생길 수 있다. 하지만 채무는 의식적으로 이용하기로 했을 때 가장 유리하게 작동하고 정보에 기초한 의식적인 결정을 하려면 선택지가 다양해야 한다. 채무에 의존하게 될 때는 다른 방법이 전혀 없을 때여야만 한다. 때로는 최후의 보루여야만 한다. 방법이 하나뿐이라면 선택의 여지가 전혀 없는 것과 같다.

하지만 대출에 대한 의존을 줄이면, 다시 많은 방법이 열린다. 어떻게 구매하고 어떻게 부를 쌓을지를 선택할 힘이 생긴다. 가끔은 빚을 지는 선택을 할 때도 있을 것이다. 현금을 쓸 때도 있을 것이다. 요점은 스스로 선택할 수 있다는 점이다.

채무를 효과적으로 관리한다고 빚을 갚는 일이 최우선 과제가 되어야 할 필요는 없다. 가능한 한 빨리 갚아버릴 필요도 없다. 효과적인 채무관리는 채무를 포함한 여러 선택을 놓고 의식적으로 결정하라는 의미다.

전략을 세우러 가기 전에 한 가지 당부하고 싶은 것이 있다. 상환 전략이 마련되기 전까지는 추가로 빚을 내지 마라. 빚을 더 지게 되면 월 지출이 늘어날 테고, 그러면 다른 재무 목표를 타협해야 할 일이 생길 수 있다. 채무를 공략하기가 더 힘들어지고, 장차 예상 못 한 채무도 막을 수 있는 습관을 키우기도 더 힘들어진다. 하지만 상환 전략이 구축되면, 추가 채무의 장단을 따질 능력이 생기고 지출 및 상환 전략과 맞물려 종합적으로 판단할 능력도 생긴다. 하지만 아직은 지금 가지고 있는 채무와 관련된 계획을 짜는 데 집중하자.

채무관리의 첫 단계는 자신의 채무를 아는 것이다. 자기 재무 상황이 어떤지 제대로 이해하려고 노력하는 사람들이 많이 없고, 특히 채무는 더 그렇다.

나도 처음에는 그랬다. 나는 열여섯 살에 처음으로 신용카드를 발급받았다. 그 나이는 법적 자격이 없다는 것도 몰랐다. 학교에 기차를 타고 다녔는데, 고등학교 근처에 있던 대학을 지나던 어느 날, 요즘처럼 신용카드 회사에서 나와 신청서를 작성하면 티셔츠와 물병을 주겠다며 판촉 행사를 하고 있었다. 자세한 사항은 이해하지 못했지만, 신청서를 작성했고 경품도 받았고, 몇 주 후 신용카드가 배달됐다. 내 이름이 새겨져 있었고 한도가 500달러였다. 신이 났다. 내가 아는 선에서는 공짜 돈이었다. 열여섯 살의 나를 위해 맥도날드 햄버거, 옷 등을 사는 데 카드를 써댔고

머지않아 '승인 거절'이 떴다. 그런데도 다 썼으니 이제 끝이구나 정도로 생각했다. 진지하게 생각하지 않았고 당연히 갚지도 않았다. 3년 후, 혼자 살던 나에게 엄마가 집에 도착한 청구서를 보내줬을 때도 뭘 어쩌라는 건지 몰랐다. 그로부터 3년 뒤 집을 사려고 했을 때에서야 비로소 갚아야 한다는 사실을 알게 됐다. 결코 눈먼 돈이 아니었다.

나는 경솔했던 첫 신용카드 사용 경험 탓에 생애 첫 집을 사는 데 실패했지만, 채무를 의식하고 목적을 가지고 이용한 덕에 법대 졸업장을 땄다. 신용카드로 썼던 돈보다 훨씬 많은 돈을 학자금 대출로 받았다. 하지만 이번에는 목적이 명확한 채무였고, 그 채무가 내 인생에 어떤 영향을 미칠 것이며, 상환하려면 어떤 노력을 해야 하는지를 정확히 이해하고 있었다. 16만 달러라는 큰돈을 대출받았지만, 고심 끝에 내린 결정이었고 그 빚이 내 예산에 미칠 영향도 잘 알고 있었기 때문에, 나중에는 상환 일정에 맞춰 대출을 거의 다 갚는 시점에 집을 살 수도 있었다. 다시 말해 빚을 지는 일이 나쁜 일도 아니며, 더 큰 빚을 지는 일이 더 나쁜 일도 아니다. 나쁜 빚은 계획 없이 빌려 자신의 목표에 뜻밖의 부정적인 영향을 미치는 빚이고, 그 반대라면 오히려 목표를 이루는 데 도움이 되고 목표 달성 속도도 더 빨라질 수 있다. 자신의 채무를 알고, 정확한 숫자를 파악하는 일이 효과적인 채무관리의 첫 단추다.

우선 자신의 모든 채무를 열거해보자. 일반적인 채무에는 신용카드, 학자금 대출, 주택담보대출, 개인 대출이 있지만, 병원비, 핸드폰 할부나 지인들에게 진 채무도 있을 수 있다. 학자금 대출은 유예 중이거나 상환 기간을 연장했거나 당장 상환하고 있지 않더라도 포함해야 한다.

다음은 만기일, 최소납입액, 이자율과 총이자액이다. 최소액만을 갚아가고 있다면, 이자는 빌린 원금에 대해 붙은 추가 비용이다. 이자는 돈 낭비라는 소릴 들어봤겠지만, 생각일 뿐이지 사실이 아니다. 자신만이 이자를 낼 만한 가치가 있는지 판단할 수 있다. 하지만 그러려면 정확히 얼마의 이자 비용이 발생하는지를 알아야 한다. 채무 비용이 얼마일지를 알면, 그 채무를 갚아버릴지와 얼마나 빨리 그럴지에 대한 분별 있는 결정을 내릴 수 있다.

매달 받는 안내문이나 전자 고지서를 우선 살펴봐야 한다. 신용카드 명세서에는 이자율과 최소금액 납부 시 발생하는 이자가 명시되어 있다.

할부 대출은 약간 다르다. 대개는 해당 대출에 서명하면 받는 서류에 총이자액이 표시되어 있다. 혹시 나와 있지 않다면, 대출기관에 문의하거나 인터넷에 있는 계산기로 대략적인 수치를 계산해봐야 한다. 남은 원금, 이자율, 상환 기간, 월 최소 납부금을 입력하면 앞으로 낼 이자 합산액을 계산해준다.

가지고 있는 모든 채무에 위의 과정을 반복해 총 이자액 칸에

써 넣어라. 변동금리인 경우 예상되는 가장 높은 이자율을 기준으로 삼거나, 과거 이자율을 기준으로 합리적인 평균 이자율을 산정해봐라. 총 이자액의 경우 1달러까지 정확할 필요는 없다. 몇백 달러 정도는 지금 우리가 하는 훈련에 크게 지장이 없으니 너무 자세하게 계산할 필요는 없다.

이제 가지고 있는 모든 부채에 해당하는 숫자가 나왔으면 채무상환 전략을 짜보자. 우선 매달 얼마를 상환할지를 결정해야 한다. 보통 매달 최소금액만 상환하면 빚은 절대 청산하지 못한다고들 하지만 사실이 아니다. 신용카드를 포함한 채무 대부분은 어떻게든 돈을 갚을 수밖에 없는 구조로 설계되어 있어서, 매달 최소금액이라도 상관없다. 물론 채무를 오래 안고 있으면 그만큼 이자도 더 내야 한다는 점은 사실이다.

그렇다고 채무를 대하는 최선의 자세가 최대한 빨리, 혹은 최대한 천천히 갚는다는 의미는 아니다. 최선의 접근법은 균형 잡힌 상환 계획이다. 균형이 실린 상환 계획이란 자신에게 맞는 시간 안에 빚에서 탈출해 나가면서도 삶의 다른 의미 있는 우선순위를 놓치지 않는, 정교하고 조심스러운 접근법을 말한다.

균형 잡힌 상환 계획이 장기에 걸쳐 조금씩 갚아나가는 방법일 수도 있다. 예를 들어 자동차 대출금 금리가 낮다면, 매달 조금씩 갚아가면서 다른 것들을 해나갈 수 있는 여유가 생겨 서둘러 갚지 않기로 할 수도 있다. 자동차 할부 대출을 갚느라 허둥대는 대신 긴급자금이나 은퇴자금을 더 채워 넣을 수도 있다. 아니면 지금 생활을 즐길 여윳돈으로 생각해도 좋다. 스스로 이런 결정을 내린 명확한 이유가 있고 제반 경비에 대해 이미 계획이 있고 우선순위를 기준으로 그런 균형을 찾아냈기 때문에, 소액만 갚아가며 얻기로 한 반대급부다.

하지만 어떤 균형 잡힌 상환 계획은 더 큰 금액을 상환해 더 빨리 채무에서 벗어나야 하는 때도 있을 수 있다. 이때도 역시 자신의 우선순위에 근거한 합리적인 균형을 찾는 것이 가장 중요하다. 현재 자신의 생활비 지출 규모에 만족하고 있고 저축과 투자 계좌가 탄탄대로를 달리고 있으며 지출계획에 할당할 수 있을 만큼 남는 돈이 넉넉할 수도 있다. 결국 빚을 조금이라도 더 빨리 갚으면 전체적인 최소경비가 줄고 이자 비용도 절감된다.

이자 비용 절감 외에도, 채무를 줄여야 할 다른 필요성이 생길 때도 있다. 좋은 예는 주택 구매를 계획하고 있을 때로, 주택담보 대출 자격조건을 충족하려면 최대한 빨리 신용카드나 다른 채무를 갚아야 한다. 채무 계정을 하나라도 줄이면 주택담보 대출기관이 살펴볼 서류가 하나 준다는 뜻이고 신용점수를 올리는 효과도 볼 수 있다. 하지만 채무상환을 우선시해 더 큰 돈을 더 자주 상환하다 보면, 투자 기회를 놓칠 수도 있고 긴급자금을 생각 못 할 수도 있고, 결국 불필요한 재정적 위험부담을 안게 될 수도 있다. 혹은 외국의 특별한 장소에서 하는 친구 결혼식이나 자녀 졸업파티 같은 일생일대의 중요한 순간들을 놓치게 될 수도 있다. 채무상환을 조금 덜 서둘렀더라면 두 마리 토끼를 다 잡을 수 있었겠지만.

당신만이 어떤 반대급부가 당신 자신과 삶에 합리적인지를 판단할 수 있다. 다시 강조하지만, 핵심은 의도를 가지고 의사결정을 해야 하고 어떤 면에서는 그런 결정이 다른 목표에 방해가 되어서도 안 된다. 그런 측면에서 당신이 빠른 상환 쪽으로 기울었다 해도, 모두 쏟아붓기 전에 3개월 치 자금은 마련해두길 권한다. 심각한 위기가 닥치면 그 위기를 해결하는 것이 최우선 순위로 돌변하게 되고, 필수경비는 당장 쥐고 있는 현금으로 해야 한다. 부채상환이 주택이나 음식보다 중요할 리 없다.

그렇다면 매달 재정 흑자의 어느 정도를 상환에 할당해야 하는지를 결정해보자. 당신이 앞에서 이미 계산해둔 재정 흑자는 매달 부채 최소상환액을 포함한 필수경비를 빼고 남은 돈이다. 매달 남는 흑자액으로 총부채액을 나누어보면, 부채 전체를 얼마나 빨리 상환할 수 있을지 계산이 선다. 예를 들어 매달 1천 달러가 남고 채무총액이 15만 달러라면, 대략 12년 걸린다는 계산이 나온다. 계산에 이자를 고려하지는 않았지만, 대략적인 상환 기간은 알 수 있다.

남는 돈의 얼마를 채무상환에 투입할지는 전적으로 당신에게 달렸다. 매달 같은 액수일 필요는 없지만, 최소금액을 잡고 지킬 필요는 있다. 반년은 흑자분을 채무상환에 전념하고 나머지 반년은 좀 덜 상환하는 방식을 취할 수도 있다. 혹은 금리가 높아 상대적으로 금리가 낮은 채무보다 비용 발생이 큰 채무를 우선 처리하고, 천천히 나머지를 갚아갈 수도 있다.

이렇게 흑자의 얼마 정도를 매달 빚을 갚는 데 쓸지를 결정했으면, 어떤 채무를 먼저 갚아야 할지를 결정해야 한다. 부채상환은 당신 자산의 증식과 인생 목표의 일부이므로, 여기서도 법칙은 없다. 부 축적과 인생 목표를 다시 한번 깊이 생각해보길 바란다.

가장 큰 고려사항이 부자가 되는 것인가? 그렇다면 금리가 가장 높은 부채부터 갚고 점점 더 낮은 순으로 하나하나 갚아가는 방식이 바람직하다. 이렇게 하면 높은 금리 부채를 더 짧은 기간 안고 있게 되기 때문에 장기적으로 비용이 줄어들게 된다.

아니면 재무구조를 단순히 하는 것이 목적인가? 이럴 땐 소액 부채부터 갚아가면 좋다. 하나둘 갚아나가면서 매달 골칫거리도 하나둘 사라지기 때문이다. 복잡한 여러 가지 상환 일정을 정리하고 싶다면, 작은 부채들부터 먼저 지워나가는 데 집중해라. 그런 면에서 이 방법의 장점은 바로 그 정리에 있다. 여러 부채를 관리하는 시간과 노력을 절약하는 것 외에는 특별한 장점이 없다. 1천 달러 상당의 부채를 갚는 것이 1만 달러 대출 중 1천만 원을 갚는 것보다 꼭 낫다고 볼 수 없다. 아무리 적은 액수라도 결국에는 당신의 재무 목표와 꿈꾸는 삶을 앞당기는 결과를 낳기 때문이다. 그래서 나는 당신이 뭔가 이른 승리를 한 것 같다는 생각에 소액 대출을 먼저 갚는 것을 기본으로 삼지 않았으면 한다. 시간 투자를 통해 부를 축적하고 당신이 꿈꾸는 그 구체적인 미래 비전에 도움이 될 최선의 결정을 내리는 데 힘을 실어줄, 꾸준히 지속할 수 있는 습관을 키우고 있다는 점을 잊지 말자.

혹은 현금을 좀 늘려 매달 흑자액을 키우고 싶은가? 그럼 최고 납입액이 가장 큰 부채부터 갚아나가라. 내가 사업을 하려고 퇴사할 때 조지프와 했던 일이다. 월 최소경비를 줄이려고 금리가 낮은 대출 몇 개를 신속히 갚았다. 사업으로 버는 소득은 예측하기가 힘들고, 특히 고도 성장기에는 더 그래서, 우리 지출계획에 흑자분이 더 커지면 지출을 감당할 현금이 더 생기는 셈이었다.

목표를 충분히 생각해봤다면, 이제 대출 목록을 살펴봐라. 대출마다 매달 내는 이자액과 잔액이 가장 낮은 대출을 비교해보고, 어느 것부터 상환해나갈지를 결정해라. 그리고 우선순위에 따라 부채에 번호를 매겨라. 번호는 매달 재정 흑자 최소액을 투입할 순서다. 순서를 정했으면, 얼마의 현금을 매달 투입할지를 계산해보고, 그 액수를 토대로 상환 종료 날짜를 따져봐라. 인터넷 계산기로 빚을 일찍 갚게 되면 이자에서 어느 정도 이득을 보는지도 알아봐라. 결과 값이 꽤 큰 동기를 줄 것이다.

매달 대출 상환에 지출할 금액을 정했고, 또 어느 채무를 갚을

지가 정해졌으면, 이 지출액을 지출계획에 넣어라. 한두 달 정도 후 지출계획 구성을 좀 바꾸고 싶을 수도 있다. 다른 대출에 돈을 더 많이 상환하고 싶어질지도 모른다. 채무에 들어가는 돈을 늘릴 수도 있고 줄일 수도 있다. 바꿔도 괜찮다. 사실 바꿔도 좋은 이유는 주의를 기울이며 필요할 때마다 조정하고 있다는 뜻이기 때문이다. 늘 과정이라는 점을 잊지 말자. 목표는 발전이지 완벽이 아니다.

CHAPTER 33

안전망 구축

—

지출계획과 채무상환계획을 세웠으니, 시작이 제법 훌륭해졌다. 이제 조금 더 먼 미래를 위한 계획을 할 시간이다.

당신은 당신의 돈이 당신을 어디에 데려다주길 바라느냐에 기초해 지출계획을 짠다. 단기적으로는 모자람이 없다. 하지만 딱 그 정도의 미래만 보게 되는 단점이 있다. 지금 자신의 레이더망 근처에도 잡히지 않는 뭔가를 나중에는 원하게 될 때가 있을 것이다. 예를 들어 내가 당신에게 당장 자동차 앞 유리가 필요하냐고 하면 아마 "네? 이미 있는데요."라고 대꾸할 것이다. 하지만 새가 앞 유리를 들이받아 금이 가 있다면, 빨리 좀 달라고 재촉할 것이다.

바로 재정 안전망이 필요한 이유다. 갑자기 응급실에 가게 되거나, 온수기가 고장 나거나, 타이어가 펑크 나거나 하면, 그 비용을 처리하는 데 필요한 것이 바로 안전망이다. 예상하지 못한 일이 닥쳤을 때 기댈 수 있는 든든한 안전장치다.

돈 습관의 다음 단계이기도 하다. 미래에 자신이 무엇을 원하고 필요할지 앞서 사고하게 되고, 일이 터졌을 때 바로 사용할 수 있는 재정 자원을 마련하기 위한 계획을 하게 된다.

안전망에는 대출 관련 신용점수, 보험증서, 상속 계획 등 여러 가지가 포함될 수 있다. 하지만 우선은 예산에서 남은 재정 흑자 활용법, 즉 긴급자금과 채무상환자금에 집중할 것이다. 긴급자금은 크고 예기치 않은 사태에 대비해 쌓아둔 저축액이지만, 채무상환자금은 언젠가는 지출이 발생하겠지만, 정확한 시기와 사건은 단정할 수 없는, '예상되지만 예상할 수 없는' 경비를 대비한 저축액이다. 두 자금이 이런 약간의 차이는 있지만 목표는 똑같이 '리스크 최소화'다.

긴급자금부터 시작해보자. 갑자기 수입이 끊기면 생활비를 충당하기 위함이 목적이다. 전적으로 그 목적뿐이다. 집에 전기를 공급받고 냉장고에 음식을 채우기 위한 용도다. 긴급자금을 최후의 보루로 생각하고 지출과 씀씀이를 줄이고 실업급여 같은 사회안전망을 활용하는 등의 노력을 하며, 무슨 일이 있어도 그 돈을 건드리지 않으려고 해야 한다. 긴급자금이 고갈되면 아무것도 남지 않는다.

다시 말해 어떤 긴급상황은 채무상환자금으로 헤쳐 나갈 수 있고, 채무상환자금이 아직 여의찮다면 채무로도 이겨낼 수 있다. 차가 완전히 망가졌는데, 고치느니 새 차를 사는 편이 나은 상황이 있다고 해보자. 직장 다니는 데 차가 꼭 필요하다 해도 긴급자금을 건드리는 건 핑계가 될 수 없다. 핑계를 대고 그 돈에 손을 댔는데 갑자기 실직이라도 하게 되면 기본 생활비를 충당할 현금이 없는 난감한 상황에 놓이게 된다. 그러니 만약 할부 같은 방법이 있다면 충분히 알아볼 만하다. 그래야 수입에 지장이 생겨도, 식비나 집세처럼 할부로 계산할 수 없는 지출을 충당할 현금을 보유하고 있을 수 있다.

기본 생활비 측면에서 긴급자금의 크기는 개개인의 핵심 예산 크기에 좌우된다. 핵심 예산이란 매달 기본 경비를 충당할 수 있는 금액을 뜻한다. 1년 지출계획을 복사해서, 그중에서 위기가 찾아왔을 때 완전히 빼거나 줄일 수 있는 지출을 빼면 기본 경비가 나온다. 목표는 긴급자금에 12개월 치 핵심 예산을 마련해두는 것이다. 하지만 긴급자금 마련에 여러 해가 걸려도 괜찮다. 1년 동안 기본 경비를 감당할 정도라면 어찌 됐든 적은 돈은 아니다.

시작은 일단 1개월 치를 목표로 하자. 그러면서 습관이 잡혀갈 것이다. 그 목표가 달성되면, 바로 다음 목표는 3개월분이고, 채무를 갚는 일이 뒷전이 되더라도 달성해야 한다. 긴급자금은 가장 밑바닥을 탄탄하게 하는 작업임을 기억해라. 먹고, 추위에 떨지 않고, 잠자는 데 필요한 현금이다. 물론 그 지경까지 가면 안 되지만, 다른 지출에서 채무 이자를 좀 물더라도 3개월 치 긴급자금으로 안전망을 짜두는 일이 왜 중요한지는 충분히 이해했다고 믿는다.

지출계획에 안전망 구축 작업을 잘 녹아들게 하려면, 1개월분과 3개월분 긴급자금 달성 목표 날짜와 액수를 정하고, 그러려면 매달 어느 정도 금액이 필요한지를 계산해봐야 한다. 계산할 때는 재정 흑자를 고려해서 지출계획 범위를 벗어나지 않는지 확인해라. 구체적인 월별 저축 목표가 잡혔으면, 지출계획으로 돌아가 그 액수를 반영해라. 3개월 치 긴급자금이 완성되면, 해마다 1~3개월 정도를 늘려 장기 목표도 세울 수 있고, 결국 12개월 목표도 달성할 수 있게 된다.

두 번째 안전망 짜기는 채무상환자금이다. 채무상환자금은 가능성도 있고 심지어 장담도 할 수 있지만, 확신까지는 안 서는 지출에 대비해 현금을 따로 떼어놓는 일이다. 전기세가 얼마 나올 줄 알지만 정확한 액수는 모르는 것이나, 식기세척기가 '언젠가는' 망가질 걸 알지만 정확한 시기나 새 모델이 얼마일지는 모르는 것과 같다.

두 종류가 있고 대형과 소형으로 구분된다. 대형 채무상환자금은 중요한 일들을 대비하기 위해서다. '중요하다'고 꼭 가장 비용이 많이 드는 일을 뜻하지는 않는다. 자신의 재정 안정성에 갖는 중요성을 뜻한다. 보험료가 좋은 예다. 보험료를 내지 않으면 병원비도 못 내고, 합법적으로 운전도 할 수 없다. 당신의 재무 형편에 엄청난 타격이 될 수 있는 사례들이다. 비슷한 예로, 냉장고 교체비도 대형 채무상환자금에 해당한다. 냉장고가 없으면 생활이 엉망이 되고, 빨리 새 냉장고를 들이지 않으면 배달 음식으로 더 큰 지출이 발생할 수도 있다.

반면 소형 채무상환자금은 선물, 휴가, 경조사나 주택 구매자금 마련과 같은, 꼭 필요하지는 않지만 그래도 의미 있는 지출을 위해서다. 안 해도 그만이지만, 그래도 여건이 되면 하고 싶은 것들이다. 긴급자금과 차이는 일 년에 몇 번은 소형 채무상환자금에 손을 대게 될 수도 있다는 점이다. 출산 전 산모를 축하하는 파티에 초대받았다면 선물을 사 들고 가야 한다. 당연히 그래야 한다. 하지만 이런 비필수 지출에 대해서도 미리 계획할 수 있다. 목표는 든든한 저축 습관을 키우는 것이지, 적게 돈 쓸 일이 생길 때마다 아무 계좌에서나 돈을 빼 쓰자는 것이 아니다. 돈이 '약간' 더 필요하다고 해서 저금한 돈을 썼다가 다음 달 월급이 들어오면 다시 넣으면 된다고 생각할 수도 있다. 하지만 장기적으로는 그런 악순환을 벗어나는 게 자신에게 가장 이롭다. 대신 수입을 키우거나 지출을 줄일 방법을 찾아 보길 권한다.

이제 대형과 소형 채무상환자금이 파악되었으니, 매달 어느 정도의 금액을 저축할지를 생각해보자. 방법은 긴급자금 때와 같이, 목표 날짜를 정하고 총액을 월 기준으로 나누면 된다. 지출계획을 다시 살펴보고, 매달 안전망 구축에 투자할 금액이 어느 부분에 적합할지를 결정해라. 재정 흑자 덕분에 매달 저축할 안전자금이 여유가 있다면 더할 나위 없지만, 그렇지 않다면 우선순위를 기초로 약간 조정하면 된다.

마지막으로 결정할 건 안전자금을 어디에 묶어둘 것인가다. 긴급자금과 채무상환자금 모두 지연이나 수수료 없이 쉽게 접근할 수 있는 곳이 좋다. 어떤 계좌에 넣을지는 각자의 선택이지만, 예금하고 출금하는 데 최소 혹은 아무런 거래 수수료가 없어야 하고 매달 입출금 횟수가 정해져 있으면 안 된다(일부 저축 계좌에 이런 제한이 있다). 만약 해당 계좌에서 이자가 발생한다면 좋은 일이지만, 이자율에 너무 연연할 필요는 없다. 안전자금이 어디 있는지를 알고 접근도 쉽고 빠르면 그걸로 충분하다.

CHAPTER 34

간소한 재무구조

—

당신은 이제까지 돈 습관을 만들기 위해 많은 전략 수립과 계획 짜기를 연습해왔다. 당신은 이제 현재와 미래에 대한 명확한 시야가 생겼다. 이제는 돈 습관이 실제 어떻게 작동하는지를 살펴볼 차례다. 매일매일 일어나는 거래는 어떻게 해나가고, 그런 여러 거래를 어떻게 말끔히 분류할까?

아래 내가 간단히 정리해놓은 구성은 당신의 돈 습관을 간소하고 거의 자동으로 돌아가게 만드는 한 방법이다. 즉, 최고의 유일한 방법은 아니다. 늘 강조해왔듯 이 책에 있는 모든 내용을 자신의 생활방식과 선호도에 맞춰 바꾸거나 조절해도 된다.

하지만 한 가지 꼭 그대로 쓰길 권하는 건 '정기 점검' 단계다. 지출계획을 정기적으로 점검하는 것이 그 계획에 맞춰가며 계획이 자신에게 가장 유리하게 작동하도록 만드는 법이다. 하지만 정기 점검의 방법과 시기는 알아서 정해도 된다.

자 준비됐나? 세 단계가 있다. 간소화, 자동화, 그리고 정기 점검이다.

● ○   **간소화**

간소화란 당신의 재무 기차가 최소의 부품으로 달리도록 하는 일을 말한다. 딱 필요한 만큼의 계좌로, 경비를 관리할 딱 한 가지 체계로 돈 관리를 쉽게 함을 뜻한다.

첫째, 은행, 투자 등 계좌가 몇 개인지부터 알아보자. 순자산 계산을 통해 자산 전체를 파악해두었으니, 자산과 돈이 다 어디에 있는지 잘 알고 있을 것이다.

다음은 체크 계좌부터 시작해 단순 시스템을 만드는 단계다. 그러려면 체크 계좌 두 개를 개설해야 한다. 맞다, 하나가 아니고 두 개나 되지만, 간소화라는 이름으로 필요하니 날 믿어도 좋다. 아래 '자동화' 단계에서 알게 되겠지만, 두 계좌 시스템은 부족분을 파악하기가 쉬워 시간과 노력이 절약되니, 기존 계좌들을 두 계좌로 합치거나 하나밖에 없었다면 하나 더 만들기 바란다.

저축 계좌도 비슷한 방식으로 하면 된다. 단기 목표들과 채무 상환자금을 위한 돈을 저축할 곳으로, 한눈에 전액을 볼 수 있어야 한다. 현재 거래 은행에서 별다른 수수료 없이 여러 저축 계좌를 개설할 수 있다면 그 은행에서 하면 좋다. '디지털 봉투digital envelope'라는 일부 은행이 제공하는 서비스로 계좌 안에 추가 항목을 만들 수도 있다. 둘 중 어느 쪽이라도 좋다.

신용카드는 고려사항이 추가된다. 예를 들어 상식에 벗어난다고 생각하겠지만, 안 쓰는 카드라고 꼭 해제할 필요는 없다. 해제하면 신용 기록이 사라지게 되기 때문이다. 해당 신용카드 사용 기록에 부정적인 사실이 없다면 그 기록을 삭제할 이유가 전혀 없다. 단, 벽장 깊숙이 숨겨놓거나 잘라버리거나 해서 사용하려는 유혹을 미리 차단해라. 하지만 연회비가 비싼 카드라면 장단점을 따져봐야 한다. 그간 쌓인 신용 기록보다 매년 나가는 몇백 달러 연회비가 아깝다면 해제해도 된다.

간소화를 위해 기존 여러 대출 통합이나 낮은 이율로 갈아타는 재대출이 합리적으로 보일 수 있지만, 그렇지 않다. 모든 대출을 묶어두면 시간 절약이 되겠지만, 섣불리 결정하기 전에 재대출 조건과 약관을 꼼꼼히 살펴야 한다. 간소화라는 이름으로 '꼭' 통합할 필요는 없다는 뜻이다.

투자와 퇴직 계좌도 살펴볼 가치가 있다. 전 직장에서 (혹은 여러 직장에서) 만든 퇴직 계좌가 있다면, 계좌 관리 수수료 등을 물고 있는지 확인해라. 만약 그렇다면 수수료가 낮고 직접 관리할 수 있는 계좌로 옮기는 걸 고려해라.

배우자와 돈 관리를 같이하고 있다면, 간소화에 둘 다 참여해야 한다. 시간을 갖고 둘의 돈 습관에 관해 대화를 나누어봐라. 간소화할 수 있는 부분이 있나? 공동비용을 분담하는 데 차용확인서나 모바일 송금 앱을 쓰고 있다면, 공동 체크 계좌를 만들거나, 상대방을 당신의 신용카드 추가 사용자로 등록해 모든 거래 내역을 한곳에 모으는 편이 나을 수도 있다. 또 하는 말이지만, 자신에게 합리적인 방법이 가장 좋다.

간소화 점검표

- 현재 가지고 있는 모든 체크 계좌와 저축 계좌 목록 및 액수 작성
- 모든 계좌의 수수료 점검(송금, 마이너스 수수료 등)
- (해당하는 계좌의) 이자율 점검
- 기타 요건 점검(최소 잔액, 매달 입금 횟수 등)
- '보유'와 '경비'로 사용할 두 개의 체크 계좌 선정. 거래 은행의 무제한 무료 송금과 공과금 납부 허용 여부(다음 단계로 넘어가려면 중요)
- 현재 체크 계좌로 모든 수입이 입금되도록 설정

- 1년 지출계획을 기준으로, 단기 저축 목표 설정 및 채무상
  환자금을 목적별로 분류한 후, 각각에 해당하는 저축 계좌
  (혹은 기존 계좌 내에 하위 계좌) 열기
- 선택사항: 카드 보유 기간, 미결제 잔액, 월 결재액, 연회비
  등을 포함해, 현재 가지고 있는 모든 신용카드에 대한 목록
  작성 후 카드 유지 여부를 결정
- 선택사항: 기존 모든 대출이나 과거 퇴직 계좌를 점검하여
  재투자, 통합, 혹은 이체 가능성 확인

● ○   **자동화**

재무구조를 단순화하기 위한 다음 단계는 자동화다. 약간의 준비
작업으로 매달 지출액을 보여주고, 청구서를 내주고, 목표에 맞
게 자금을 이동해주는 자동 시스템을 구축할 수 있다.

우선 매달 지출 관리를 자동화해보자. 이전에 만들어둔 두 개
의 체크 계좌가 여기서 아주 유용하게 쓰인다. 먼저 급여나 다른
수입이 '보유' 계좌로 입금되도록 해둔다. 그런 다음 보유 계좌에
서 '경비' 계좌로 정기 자동이체를 설정해둔다. 이때 이체금액은
자신이 월경비로 잡아둔 총액이다.

한 달 동안 물건을 사거나 이런저런 지출을 할 때 발생하는 비

용은 경비계좌에서 나간다. 이렇게 경비계좌가 그달 잔고를 한눈에 쉽게 볼 수 있는 도구가 된다. 매달 지출이 일어나며, 돈이 남는지 혹은 부족한지를 알 수 있다. 나아가 일단 이렇게 정리를 해두면 손 갈 일이 없다. (보유계좌와 경비계좌에 초과 인출에 대비해 현금을 조금 더 넣어두기를 강력히 추천한다. 또 첫 몇 주 동안에는 별문제가 없는지 관심 있게 들여다볼 필요가 있다.)

저축도 비슷하게 하면 된다. 채무상환자금이든 부채상환 목적이든, 매달 저축 목표액을 확인한 후 보유계좌에서 각각의 저축계좌로 자동이체를 설정해놓으면 된다.

(월, 분기, 혹은 연 단위로) 정기 납부해야 하는 청구서들은 최대한 자동이체를 활용하는 편이 좋다. 전기나 수도세 같은 경우는 해당 업체 홈페이지에 방문하여 설정할 수 있다. 하지만 그런 자동이체 시스템이 없는 경우라도 자동화할 수 있다. 거래 은행이 온라인 납부 서비스를 제공한다면, 납부 기관마다 납부 날짜를 정해 자동 납부를 신청하면 은행이 실제 수표를 전달해준다. 집주인이나 어린이집처럼 납부 기관이 인터넷을 잘 활용하지 못할 때 유용하다.

자동화 점검표

- 1년 지출계획을 활용해 월 지출액을 파악한 후, 보유계좌에서 경비계좌로 자동이체 설정

- 1년 지출계획을 활용해 월 저축 목표액과 채무상환자금 목표액을 파악한 후, 저축계좌로 자동이체 설정
- 부채상환계획에 모든 부채, 그리고 부채마다 최소상환액 · 상환일 · 금액의 목록 작성
- 매달 최소상환액이 보유계좌에서 인출되도록 자동이체 설정
- 온라인 납부 서비스가 필요한 경우 최대한 활용
- 선택사항: 신용카드마다 월 최소금액 자동납부 설정

정기 점검

물론 어느 정도 직접 관리해야 하는 돈 습관은 늘 있기 마련이다. 개인적 선호, 목표, 취향과 함께, 당신만의 직관과 판단이 어쨌든 당신 자신의 돈 습관의 핵심이기 때문이다. 이번 달에 새 옷을 좀 사서 옷장을 정비할지, 아니면 다음 달에 휴가를 며칠 더 다녀올지는 오로지 당신만이 내릴 수 있는 결정이다.

그래서 재무구조 간소화의 마지막 단계가 재무구조 점검 시기를 정하는 일이다. 차 한잔하며 지출계획을 펴놓고 조곤조곤 살펴보는 때다. 계획과 그달 지출 명세를 펴놓고 아래 있는 점검표를 활용해 자신이 어떻게 하고 있는지를 파악해봐라.

처음에는 자주 점검하는 편이 좋다. 매달, 심지어 매주 점검하

다 보면 감이 잡힐 것이다. 감이 늘어가는 듯하면 점검 주기를 좀 길게 잡아도 좋다.

정기 점검은 지출계획을 되돌아보기 위함이지만, 하는 김에 순자산을 다시 계산해보는 기회로 활용해도 좋다. 하지만 순자산 계산은 시간이 좀 걸리니, 자기 여건에 맞게 분기별 혹은 연 2회로 잡아도 된다. 그런데 당신은 이미 효율화와 자동화로 수많은 자잘한 잡무를 해결해뒀다. 즉, 전보다 계산 시간이 덜 걸릴 테니, 남는 시간은 당신이 바라는 현재의 최고의 삶과 꿈꾸는 미래의 삶을 계획하는 데 쓸 수 있다. 그 자체만으로도 훌륭하다.

정기 점검 점검표

- 첫 4주: 따로 달력에 일정을 정해 무엇을 점검할지를 적어 놓거나, 주 1회 점검 알람 설정
- 점검 사항:
  - 필수경비 지출에 문제는 없나?
  - 모든 최소지급액이 제대로 지급되고 있어, 위약금을 물고 있지는 않나?
  - 저축 목표를 잘 이행하고 있나?
  - 재정 흑자와 그 결과 생긴 여유에 전반적으로 만족하나?
- 위 점검 사항에 문제가 없도록 조치 및 조정
- 첫 4주 후: 점검 시기는 한 달에 한두 번으로 정하기

- 특정 부채가 거의 상환이 끝나가는 시점에(초과 지급을 막기 위해) 자동 상환을 해지하고 마지막 상환은 직접 하기

CHAPTER 35

종합

—

당신은 이제 잠깐 쉬어가도 좋다. 너무 많은 일을 했으니까. 현금
흐름, 순자산, 지출계획, 부채 그리고 안전망까지. 숫자 계산도 했
고, 엑셀 표도 만들어봤고, 꿈꾸는 삶을 살기 위한 여정을 어떻게
시작할지도 계산해봤다. 당신의 삶을 당신이 원하는 방향으로 만
들기 위한 실질적인 행동을 했다. 정말 대단한 일을 해냈다.

　나는 돈을 이해하는 것을 좋아한다. 나는 부를 쌓는 연습을 하
는 것을 좋아한다. 하지만 그런 일에는 시간과 노력이 든다는 것
도 안다. 이 책이 시키는 모든 일을 하며, 돈 습관을 만들기 위해
온갖 노력을 하며, 더 깊게 파고들어 골똘히 생각해보는 계기가

되었을 것이다. 당신이 품은 큰 꿈과 당신이 생각하는 핵심 가치를 정의해보는 계기가 되었을 것이다. 집중해서 계획해야 했고 당신은 그걸 해냈다.

그래서 나는 당신에게 큰 박수를 보내고 싶다. 이 모든 일을 하며 당신은 새로운 근육이 붙었고, 그 근육을 힘차게 사용해왔다. 의지를 행동으로 옮길 계획도 수립했다. 꿈꾸는 삶을 살아가며, 꿈을 위해 어떻게 저축해나갈지 계획도 섰다. 다시 한번 대단하다고 말해주고 싶다.

이제 지속해나가는 일은 당신에게 달렸다. 당신은 해낼 수 있다. 돈은 평생 당신 삶의 일부로 자리해 있을 것이다. 돈은 남은 당신 삶을 결정짓는 요소일 것이다. 하지만 당신의 돈 습관은 '이제부터'가 시작이다. 과정이지, 절대로 완벽은 없다.

돈 습관이라는 이름을 붙이게 된 이유는 말 그대로 '습관'이기 때문이다. 습관은 한 번 하면 끝나는 점검표나 정하기만 해놓고 잊어버리는 시스템이 아니므로, 정기적인 관심과 시간 투자가 필요하다. 하지만 결코 완벽할 필요는 없다. 피아노 연습처럼 시간 투자로 실력을 차츰 키워가면 된다. 혹은 요가를 하듯 타인이 아닌 자신의 성장을 성찰해가면 된다. 혹은 자신을 한 단계 끌어올려 줄 수 있는 코치와 커뮤니티를 찾아 팀 스포츠를 하는 것처럼 해나갈 수도 있다. 무엇보다도 습관은 평생 간다. 그러니 시간을 갖고 어떻게 당신의 돈 습관을 장기적으로 끌고 갈 수 있을지를 고민해보길 바란다.

지속성이 꼭 그 여정에 아무 문제가 없을 것이라는 뜻은 아니다. 실수도 있을 것이다. '다시는'이라고 생각이 번뜩 들 만한 실수를 할 때도 있을 것이다. 하지만 그런 경험들에 억눌리거나 발목이 잡혀서는 안 된다. 딛고 일어나야 할 경험들에 불과하다. 이후에 돌아보면 실패가 아니었음을 알게 된다. 당신의 돈 습관이 약간의 긍정적 수정을 겪었을 뿐이다. 교훈을 얻었고 그에 맞는 조치도 취했다.

나는 당신이 지금까지 그래왔듯, 이런 모든 일을 잘 해낼 거라고 믿는다. 당신은 이 책을 읽으면서 기초를 세웠고 탄탄한 이해도 구축했다. 일부러 시간을 내 이해하려고 노력했고, 자신의 돈 습관을 바꾸려고 노력했다. 돈 운용 능력을 키우는 일을 이미 시작했다. 꿈에 그리는 삶도 구체화했다. 당신은 자신의 습관을 시간 속에서 다듬어갈 수 있는 충분한 능력이 생겼다. 그 돈 습관을 잘 지켜나간다면 당신이 그리는 꿈 같은 삶이 현실이 될 것이다.

그렇다, 습관을 유지해가기만 하면 된다. 그러면 현재의 삶도 미래에 꿈꾸는 삶도 최고의 삶이 될 것이다. 나처럼 당신도 유지해가기만 하면 된다는 생각에 신이 났길 바란다. 설레고, 스스로가 대견하고 어서 해보고 싶어서 안달이 났길 바란다. 하지만 약간 떨려도 괜찮다. 그것도 정상이다. '꿈 같은 삶'을 생각할 테니 당연한 일이다. 쉽게 생각할 수 없는 어마어마한 일이다. 하지만 흥분과 초조함은 감정이라는 동전의 양면이다. 그런 감정을 느끼는 이유는 당신이 꿈꾸는 삶이 당신에게 중요하기 때문이다. 진행 상황을 관리하기만 하면, 돈 습관을 지속해갈 수 있다. 점검하고 필요하면 조정해가라. 신중하게 자신이 원하는 바에 맞춰가라. 꼭 해야 할 한 가지는 당신의 행복과 부유함에 집중하는 일이고, 당신은 이미 상당히 잘해왔다. 당신은 꿈꾸는 삶을 살 자격이 있고, 그 꿈을 실현할 수 있는 모든 능력을 갖추었다는 걸 명심해라.

자, 이제 지금까지 배운 모든 내용을 어떻게 종합할지 살펴보자.

행동 과제
BEHAVIORAL TASK

● 5부 장들을 다시 살펴보고, 장마다 당신이 했던 일을 되돌아봐라. 장차 하기로 마음 먹은 일상적 행동들과(자산 확인, 연간 현금흐름 계산 등) 습관을 세우기 위해 했던 내용에 메모를 해봐라. 그 모두를 종합한 후, '나의 돈 습관은 아래와 같은 실천 단계가 포함될 것이다'로 시작하는 계획을 작성해봐라.

● 이제 실제적인 사항에서 한 발 뒤로 물러나봐라. 가장 심오한 가치 차원에서 당신의 핵심 목표를 생각해봐라. 현재 자기 삶이 어떤 위치에 있고, 한 개인으로서 자신에게 무엇이 중요한가? 그런 가치들이 당신의 돈 습관에서 어떤 모습인지를 기록해봐라. (예: 나는 내 돈 습관에서 _____라는 방법으로 _____라는 가치를 실현한다.)

● 진행 상황을 관리하고 습관을 유지할 수 있는 쉽고 즐거운 방법들을 모색해보자. 재미있을수록, 그리고 실행 가능성이 클수록 좋다. 예를 들면 다음과 같은 방법을 사용해볼 수 있다.
  - 완료한 일에 × 표시나 스티커를 붙일 수 있는 곳(사무실 벽, 냉장고, 다이어리 등)에 간단한 관리 차트 만들기
  - 저축, 투자, 이자 소득이 생길 때마다, 동전이나 사탕, 구슬 등을 유리병에 넣어 시각화하기
  - 돈 습관을 상징하는 화분이나 생화 꽃다발을 가까이 두고, 돈 습관과 화초 관리를 동기화하기(예를 들어 물을 주거나 꽃을 갈 때마다 지출계획을 검토한다.)
  - 재무 사항을 검토할 때마다 하는 특별한 의식 만들기(향초, 차분한 음악, 좋아하는 간식과 음료 등을 이용해, 가능한 한 모든 감각을 동원한다.)

● 자녀가 있다면, 당신의 돈 습관이 당신의 자녀 교육관과 어떻게 맞물려지는지 적어
봐라. 당신의 돈 습관은 모범적인가? 당신의 돈 습관 중 전 가족이 함께해볼 만한
부분이 있는가?

● 당신이 돈 습관을 지켜가는 데 누가 도움을 줄 수 있나? 배우자? 친구? 재무 코치,
지지해줄 팀이나 프로그램? 아니면 그 모두?

●

감사의 말

—

나에게 책을 쓰는 건 오랜 꿈이었습니다. 이 책을 쓰는 일은 제가 이제까지 해왔던 가장 힘든 일 중 하나였지만, 저 혼자 한 일은 아니었습니다. 이 책이 나오기까지 나름의 역할을 해준 무수한 이들 덕분이었고, 한 분 한 분께 감사드리고 싶습니다.

저 같은 신인 작가에게 최고의 저작권 대리인이 되어준 얀 바우머와 스티브 트로아에게 감사드립니다. 책을 완성 단계까지 밀어붙여 준 남다른 의지에 진심으로 감사를 표합니다.

이 책이 지금의 형태를 갖춰갈 수 있도록 모든 일을 제쳐두고 도와준 글쓰기 코치 알렉산드라 프랜즌에게 감사드립니다. 연휴

와 휴가 중에 급하게 연락해도 도와주셨죠. 당신이 없었다면 이 책도 없었습니다.

편집자 니나 실드, 값진 통찰력과 건설적인 비판 사이의 완벽한 균형으로 저를 안내해준 점 감사드립니다. 출간 일정을 맞추는 고단한 일을 훌륭히 해준 한나 슈타이그마이어에게도 감사를 전합니다.

출판사 펭귄랜덤하우스와 모든 팀원 여러분이 없었다면 이 일을 해낼 수 없었을 것입니다. 이 책에 대한 여러분의 믿음과 신인 작가가 자리를 잡을 수 있도록 도와주신 여러분의 헌신, 인내, 열정에 진심으로 감사드립니다.

제 전문 분야가 아닌 모든 일을 처리해준 변호사 마르시 클리어리와 프랑크푸르트 커닛 클라인 앤드 셀즈 법무법인 팀원분들께 감사드립니다.

제가 최고의 모습을 보여줄 수 있도록 채찍질해주고, 성장할 수 있도록 도와주었으며, 오랜 세월이 지난 지금까지도 응원을 아끼지 않는 친구들, 맥, 니콜, 폴, 앨리슨, 베카, 더그에게 감사를 전합니다.

늘 제 자신이 훌륭하다고 믿게 해준, 샤론 이모, 셜록 삼촌, 디자이어 이모, 고마워요.

놀라운 추억을 선물해주었고, 제 인생의 궤도를 영원히 바꿔준 예일대학교 로스쿨에 감사드립니다. 그때 많은 분이 영광스럽게도 "그래"라고 대답해주셔서 저는 수백만 명의 삶에 감동을 주는 영광을 누릴 수 있었습니다.

알렉시스와 리브스, 이 책을 쓰는 내내 엄마를 아껴주고 응원해주고 밝게 웃어주어 고맙다. 너희들을 보며 늘 최고가 되어야겠다고 다짐한단다.

아빠 농담과 한결같은 응원으로 늘 곁을 지켜준 멋진 남편 조지프, 고마워요. 탐험가처럼 정해지지 않은 길을 가는 일이 소명이라고 믿는 나를 항상 격려해주었고, 뿌리를 내리고 살아야 하는 사람임에도 기꺼이 내 모험에 동참해줘서 고마워요. 당신은 누구보다도 재빨리 내가 할 수 있음을 깨우쳐줘요. 우리가 함께하는 이 삶에 진정한 동반자가 되어주어서 고마워요. 사랑해요.

먼 길을 온 나 자신, 내 사랑, 난 네가 자랑스럽단다.

그리고 독자 여러분께도, 이제 시작이라고 말해드리고 싶습니다. 여러분의 앞으로가 기대됩니다.

옮긴이 이재득

지금 사회가 어떻게 현재의 모습을 갖추게 되었는지 늘 궁금하다. 사회에 일어나고 있는 변화의 모습들을 독자들에게 전달하는 데 큰 애정을 품고 번역을 한다. 글밥아카데미 수료 후 바른번역에서 경제경영, 인문사회과학, 시사 분야 전문 번역가로 활동하고 있다.

부자아빠가 없는 너에게
홀로 당당히 경제적 자립을 이루는 돈 공부의 시작

초판 1쇄 발행 2023년 9월 25일

지은이 스칼릿 코크런
옮긴이 이재득

발행인 이재진 **단행본사업본부장** 신동해
편집장 조한나 **책임편집** 김동화
마케팅 최혜진 이인국 **홍보** 반여진
국제업무 김은정 김지민 **제작** 정석훈

브랜드 웅진지식하우스
주소 경기도 파주시 회동길 20
문의전화 031-956-7355(편집) 031-956-7089(마케팅)

홈페이지 www.wjbooks.co.kr
인스타그램 www.instagram.com/woongjin_readers
페이스북 https://www.facebook.com/woongjinreaders
블로그 blog.naver.com/wj_booking

발행처 ㈜웅진씽크빅
출판신고 1980년 3월 29일 제406-2007-000046호

한국어판 출판권 ⓒ ㈜웅진씽크빅, 2023
ISBN 978-89-01-27549-9 03190

- 웅진지식하우스는 ㈜웅진씽크빅 단행본사업본부의 브랜드입니다.
- 책값은 뒤표지에 있습니다.
- 잘못된 책은 구입하신 곳에서 바꿔드립니다.